精实创新

快思慢决的创新技术

〔日〕稻垣公夫 著

朱悦玮 译

SPM 南方出版传媒·广东人民出版社

·广州·

图书在版编目（CIP）数据

精实创新：快思慢决的创新技术／（日）稻垣公夫
著；朱悦玮译. — 广州：广东人民出版社，2018.9
ISBN 978-7-218-13078-1

Ⅰ . ①精… Ⅱ . ①稻… ②朱… Ⅲ . ①企业创新—研
究 Ⅳ . ① F273.1

中国版本图书馆 CIP 数据核字（2018）第 164455 号

广东省版权著作权合同登记号：图字：19-2017-231
KAIHATSU SENRYAKU WA "ISHI KETTEI" O OKURASERO!
©2012 Kimio Inagaki
First published in Japan in 2017 by KADOKAWA CORPORATION, Tokyo.
Simplified Chinese translation rights arranged with KADOKAWA CORPORATION, Tokyo through
BARDON-CHINESE MEDIA AGENCY.

Jingshi Chuangxin : Kuaisi Manjue De Chuangxin Jishu

精实创新：快思慢决的创新技术

〔日〕稻垣公夫 著　　朱悦玮 译　　　　📚 **版权所有　翻印必究**

出 版 人： 肖风华

策划编辑： 詹继梅
责任编辑： 马妮璐
责任技编： 周　杰　易志华
封面设计： Amber Design 琥珀视觉

出版发行： 广东人民出版社
地　　址： 广州市大沙头四马路 10 号（邮政编码：510102）
电　　话：（020）83798714（总编室）
传　　真：（020）83780199
网　　址： http://www.gdpph.com
印　　刷： 北京时尚印佳彩色印刷有限公司
开　　本： 880mm×1230mm　1/32
印　　张： 7.5　　**字　数：** 150 千
版　　次： 2018 年 9 月第 1 版　2018 年 9 月第 1 次印刷
定　　价： 45.00 元

如发现印装质量问题，影响阅读，请与出版社（020-83795749）联系调换。
售书热线：（020-83795240）

推荐语

I have known Inagaki-san for many years and he has a deep understanding of lean from hands on experience. He translated my book with James Morgan, The TOYOTA Product Development System, and saw a need for an introductory book which in clear terms defines tools and the philosophy and gives practical advice on getting started. I recommend this book to any reader interested in improving their product development performance.

——Jeffrey K. Liker

我和稻垣公夫是老朋友了。他根据自己的亲身体验，对"精益"的概念有很深的理解。此外，他还翻译了我与詹姆斯·摩根合著的《丰田产品开发系统》，因此能够对精益产品开发的工具和基本思想进行非常明确的解释与说明。他意识到，在导入精益产品开发的过程中，一本能够给予实际建议的入门书是必不可少的，因此创作了这本书。对于渴望改善自己公司产品开发状况的人来说，这本书非常值得一看。

——密歇根大学教授 杰弗里·莱克
《丰田之路（The TOYOTA Way)》作者

前　言

——

　　被称为"精益产品开发"的新方法正逐渐在欧美企业中普及。

　　这种开发方法原本起源于丰田，在密歇根大学的艾伦·沃德（Allen Ward）博士等人将其系统化后，20 世纪 90 年代末期于美国开始普及。尽管与已经在全世界范围内被几万家企业导入的精益生产方法相比，精益产品开发的影响范围还很小，但所有导入了这一方法的企业，都取得了明显的效果，如开发效率平均提高四倍、开发周期缩短一半、失败风险降低。

　　日本企业目前面临的最大课题就是无法将创造力与业绩联系到一起。一直到 20 世纪 90 年代中期为止，日本企业都能够凭借技术力量使自己的产品实现差异化，从而在世界市场中保有强大的竞争力。然而进入 21 世纪之后，日本企业却连续十几年都难以从不景气中挣脱出来，市场份额也被外国企业夺走。在电子产品领域，日本企业因为遭到苹果、思科、三星、LG 等美国和亚洲的新兴势力的两面夹击，导致业绩一直在低谷。

　　这些外国企业与日本企业相比，拥有压倒性的技术优势吗？答案其实是否定的。现在，对于所有在世界舞台上活跃着的企业来说，一定的技术和生产实力只是生存的前提，以技术为支撑的生产能力和制造能力已经不再是竞争力的核心。仅仅凭借生产方法就能够拉开差距的时代已经结束了。

从今往后，开发能力才是决定企业命运的关键。

最简单的例子就是苹果。苹果于 2007 年凭 iPhone 这唯一的机型进军手机市场，并在一瞬间占据了世界市场的巨大份额。苹果虽然将生产任务全部委托给中国台湾的 EMS（Electronics Manufacturing Service：电子制造服务业）来做，但自己却拥有销售额超过十兆日元、销售利润率高达 30% 的惊人业绩。苹果之所以有如此惊人的收益，秘诀就在于其压倒性的开发能力。

一直以来，包括日本在内的全世界所有企业都在寻求大幅提高开发能力的方法。很多企业满怀期待地导入了 CAD 和电脑模拟等 IT 工具或者阶段目标管理等科学的管理方法，但结果却并不尽如人意。不仅如此，这些企业为了实现科学管理而不得不制作大量的资料，结果反而导致效率低下，开发人员也被折腾得疲惫不堪。传统的方法变成了产生无用功的温床。

要想改变这一情况，就必须对产品开发流程进行根本性的改革。也就是说，除了传统的生产革新，还要再加上产品开发革新。这一做法有两个目的：①大幅提高产品开发的生产率和设计品质，缩短开发周期。②增强产品的革新性，大幅提高顾客价值

（顾客对什么样的产品特性感兴趣，愿意购买）。

实现第一个目的的必要性在于，要想在一个成熟的市场环境中继续发展，就必须增加产品种类。比如，面向发达国家开发的产品，也必须同时投放到实现了飞速发展的新兴国家市场。然而面向发达国家开发的产品如果原封不动地投放到新兴国家市场肯定销量不佳，因此就需要增加产品种类。实现第二个目的的最佳案例就是刚才提到的苹果。精益产品开发的特征就在于，不仅提高了开发的生产率，还进一步增强了革新性。

尽管目前在美国已经出版了十本左右与精益产品开发相关的书籍，但其中被翻译成日语的只有笔者在 2007 年翻译出版的《丰田产品开发系统》。不过这是一本很厚重的专业书籍，也就是说到目前为止日本都没有一本关于精益产品开发的入门书，所以精益产品开发在日本几乎不为人所知。难得丰田创造了如此优秀的产品开发方法，日本人自己却不知道。笔者正是为了改变这一令人遗憾的现状，所以创作了这本书。

本书由三部分构成。第一部分是以某食品加工设备生产企业为舞台的故事。为了让大家能够理解精益产品开发的概要，我将与之相关的关键要素都融入到了故事之中。只要读完这个故事，诸位就能够清楚精益产品开发究竟是怎么一回事，寻入后会带来哪些效果以及如何才能够将其导入自己的企业之中。

在第二部分，我对精益产品开发的各个要素进行了更加详细的解说。针对多点开发、主工程师制度等精益产品开发的基本组成要素，逐一进行更加深入的解说。

最后的第三部分，我将为大家介绍通过导入精益产品开发取得巨大成果的企业案例。在这部分我将以四家美国企业为例进行简单明了的介绍。

只想了解精益产品开发概要的读者，只阅读第一部分就足够了。想要对精益产品开发更进一步详细了解的读者，则可以从第一部分到第三部分全部阅读一遍，一定能够获得更深的理解。

本书介绍的方法不仅适用于制造业，同时也可以应用于服务业等众多业种。为了让从事其他行业的读者也能够快速地理解本书所介绍的方法，所有与制造业有关的专业术语我都加了相应的脚注。

希望通过本书，可以提高日本人对精益产品开发的关注度，让更多的企业能够导入这一方法。最好的时机就是现在。近年来，日本企业遭遇了雷曼危机、东日本大地震、日元升值、欧元危机等诸多苦难。日本企业如果不能通过提高开发能力来提高业绩，将难以继续生存下去。从这个意义上来说，现在的日本企业迫切地需要进行产品开发革新。

目 录

第Ⅲ部分　精益产品开发的导入案例

第 I 部分　成功实现开发革新

序 章

在海外被称为"精益产品开发"的方法，对日本人来说还十分陌生。因为这一开发革新的方法包含了诸多要素，所以要想准确地理解这一概念，与逐一详细了解各个要素相比，通过一个故事从整体上对其进行一个大致的了解会更好。因此，接下来我将通过这个名为村坂工业的虚构故事来为大家讲解开发革新的概要。

⊙ 故事背景

村坂工业是由现任社长村坂章男的祖父村坂源次郎创立的食品加工设备生产企业。村坂工业在创意上很下功夫，凭借自身独特的技术优势接连开发出许多食品加工设备，逐渐发展为行业内屈指可数的著名企业，甚至进军欧美市场并占有了一定的市场份额。

村坂工业的总部位于栃木县宇都宫市郊外，附近分别设有开发中心、销售总部以及总工厂。除此之外在关西还有分工厂，一年前又在中国的广州开设了工厂。

村坂工业在泡沫经济崩溃后因为需求下降导致经营陷入危机，但在社长的励精图治之下，于 20 世纪 90 年代末期开始导入丰田生产方式（TPS）。这种由生产革新室主导、外部管理顾问配合的生产方式在导入村坂工业后使该公司取得了惊人的成果，业绩随之起死回生。如今，在生产革新室的指导下，各工厂都拥有自己的推进组织。

进入 21 世纪之后，村坂工业以欧美为中心展开海外事业，并逐渐有了进展，但最近发展速度有所放缓。村坂社长决心在业绩出现下滑之前将公司再次拉回发展轨道，于是采取了相应的行动。这个故事就是从这里开始的。

⊙ **主要登场人物**

村坂章男 —— 董事长兼社长

吉野太一 —— 生产统括专务

田口丽子 —— 开发统括专务

高田滋明 —— 经营企划部长

后藤龙平 —— 生产革新室开发革新推进部部长

西川真也 —— 生产革新室开发革新推进部技术员

稻田公人 —— 后藤的朋友，管理顾问

第①章　社长的决断

「**产业重组还是维持发展 —— 社长的选择**

1 月下旬 村坂工业总部 干部会议室」

今天是入冬以来最冷的一天，宇都官市的最低气温达到 -3℃。位于宇都官市郊外的村坂工业总部的干部会议室窗外的光景也显得十分萧索。1 月份的经营会议即将在这里召开。干部们相继走进会议室，坐在会议桌的旁边。

最后入座的是社长村坂章男。

"今天我将提出下一年度经营战略中最重要的课题，然后与大家详细地讨论一下解决问题的办法。"

村坂社长是创始人村坂源次郎的孙子。源次郎是一位天才发明家。他凭借自己独特的创意，开发出了蔬菜自动削皮机、饭团制作机、带自动搅拌棒防止咖喱烧焦的加热锅等许多食品加工设备，让一直以来需要依靠人类手工制作的食品生产实现了自动化。如今村坂工业凭借自己拥有的诸多专利和独创的技术，在行业内占据着极大的市场份额。

村坂社长说完后，在座的所有人都露出了紧张的神情。今天的会议将决定下一年度最重要的经营课题并提出解决方案。因为担心自己负责的领域出现非常巨大的变动，因此干部们会感到紧张也是理所当然的。

"高田君，请你说明一下我们公司现在面临的最大的经营课题。"

村坂社长的话音刚落，经营企划部长高田滋明从座位上站了起来。身为战略规划部门的负责人本应很有人望才对，但实际上大家背地里都叫他"马屁A"。因为他很会察言观色，讨好社长，而且说话前总是带着"哎……"的口头禅。高田是一个在经营企划方面既没有理想也没有信念更没有创意的人，他之所以能够成为部长，完全是因为钻营的技术在公司内无出其右者。

高田在投影机上依次演示出市场占有率、销售成长率、收益率、资产效率等经营指标。

"哎……正如大家所知道的一样，根据我们公司的经营情况，我们公司与同行业其他公司相比处于优势地位。过去十年间支撑我们公司顺利发展的关键，就是产品开发领域拥有专利技术。因为我们公司的技术几乎都有专利保护，所以在很多领域内都没有竞争对手。我们的强大之处，就是凭借这些技术制造的新产品所拥有的强大竞争力。"

高田一边"哎……哎……"地说着，一边用指示棒沿着屏幕上显示的销售额滑向右上方以示强调。随后，他又继续说道："特别是在生产方面，生产革新也就是彻底导入丰田生产方式发挥了功效。生产革新的成功使我们的劳动生产率在过去十年间提高了五倍，库存，哎……减少到了之前的十分之一，这对现金流做出了巨大的贡献。去年除了国内的两家工厂，我们还在中国开设了第一家海外工厂，生产革新也在顺利进行之中。"

说到这里，高田停顿了一下。首先是承认公司经营的顺利进展，表扬参加会议的干部们的功绩。但今天高田还有一个必须完成的重要任务。

这两年，尽管村坂工业一直延续着优良的业绩，但村坂社长却似乎对经营一直抱有危机感。高田发觉了这一点。因为村坂工业长年的顺利发展，导致企业从上到下都开始出现了懈怠的情绪。大家都满足于现状，不再动脑思考，逐渐停滞不前。而这样的企业早晚会出现产品滞销的局面。

随之而来的就是深陷其中难以自拔的低迷期。像这种在取得成功之后又深陷低迷期的企业，村坂社长亲眼见过许多。他不想村坂工业也重蹈他人的覆辙，所以趁着业绩尚佳的时候必须采取有效的手段以维持企业的发展。

高田知道，自己的任务就是通过这次会议找出这个有效的手段。当然，不管最终做出怎样的决定，肯定都会有人提出反对意见。至于如何应对，高田早有准备。

他首先在投影机上演示今后五年的预期销售情况。

"哎……在过去的十年间，多亏大家的努力，我们公司同时实现了高收益与高速发展。但我们公司的经营环境如今正处于拐点，遇到的第一个问题是市场饱和。在日本和欧美市场，我们公司的食品加工设备已经相当普及，今后只能依赖更新换代和维修服务来维持销售额。也就是说，如果我们不采取任何措施，今后，销售额的上升将会出现放缓的趋势。"

高田用指示棒轻轻地敲了敲屏幕。"那么，哎……我们应该怎么做才好呢？有两个选择。一个是选择低速发展路线的软着陆。在这种情况下，就必须削减固定成本。另一个则是维持高速发展。我们必须在这两个之中选择其一。"

如果选择低速发展路线的软着陆，就必须采取导入早期退休制度和增加合同工等削减固定成本的策略。

"请等一下。削减固定成本是指产业重组吗？这我不赞成。"

提出异议的是生产统括专务吉野太一。他成立生产革新室，成功地对生产部门进行了改革，对村坂工业实现高速发展做出了巨大的贡献，因此得到公司的认可并被提拔为干部。

"我反对产业重组，高速发展是无论如何都应该维持下去的。否则不但员工们的工作积极性会受到影响，想维持现在的员工数量也会变得十分困难。一直以来，员工们之所以全力支持生产革新，就是因为他们知道公司宁愿通过改进工艺来提高生产率也不会进行产业重组。所以我对进行产业重组、选择低速发展路线的软着陆这种方法表示反对。"

吉野专务的语气十分强硬。不过，对高田来说，吉野专务的发言早就在他的预料之中，一切都在按照他的计划进行。

"哎……哎……吉野专务说的这些我都很清楚。其实我们经营企划部也在听取各部门意见的同时，与外部的管理顾问共同商讨了解决的办法。先说结论吧，那就是我们公司不选择产业重组的低速发展路线，而选择继续维持高速发展的路线。不过，要想实现这一点，就必须继续推进革新，进一步提高生产率。"

"这个嘛……"

吉野专务一时语塞。到目前为止，吉野一直在制造部门推进生产革新，通过采取缩短周期、削减库存、品质管理、削减无用功等办法，取得了不俗的成果。然而，要想在此基础上进一步提高生产率，恐怕就没那么容易了。

"哎……吉野专务的想法我十分理解。要想继续让生产率实现飞跃性的进步，就必须将目光放在之前没有采取过行动的部分，提高这一部分的生产率才行。"

听到"之前没有采取过行动的部分"，在场的所有人都将目光集中在开发统括的田口专务身上。田口丽子，是生产企业中十分少有的女性干部。不仅如此，她还是一位拥有模特般身材的短发美女。当然，她之所以能够成为干部可不是因为美貌。近年来村坂工业的许多专利产品都是由她发明出来的。

"哎……众所周知，到目前为止，村坂工业的改革都是以吉野专务的生产革新室为中心推进的。但这一次，希望开发统括的田口专务也能积极地参与进来。"

"你说我的部门'没有采取过行动'？那你可说错了。我们开发部门也采用了三维 CAD 和 PDM①等提高开发生产率的 IT 系统，并且取得了一定的成效呢。"

田口专务虽然是女性，但说话的语气却一点也不含糊。高田被她的气势镇住了。

"哎……关于这件事……"说着，他立刻在屏幕上演示出《发达国家与新兴国家市场规模预测》的图示。

"哎……为什么说必须要提高田口专务开发部门的生产率呢？请看屏幕。现在，包括日本在内的发达国家的市场已经处

---

① PDM: 即 Product Data Management，产品数据管理——对开发相关信息进行一元管理，是一种提高工程效率、缩短开发周期的信息系统。

于饱和状态，而新兴国家市场，特别是中国和印度今后则将会出现爆发性的增长。"

参加会议的所有干部都赞同地点了点头。

"哎……那么，这将会产生什么样的结果呢？资金都会流向新兴国家。新兴国家贫困的人将会摆脱贫困，甚至变得更加富裕。富裕者的人数增加之后又会发生什么呢？哎……那就是女性会进入职场工作。如今，在印度的企业中就已经有很多女性员工了。随之而来的，就是要削减女性的家务负担。接下来就是最关键的部分——这些新兴国家对与我们产品相关的加工食品的需求将会急剧增加！"

高田在屏幕上演示出对加工食品需求的预测，然后大声说道："如今对于我们食品加工设备生产企业来说，正是最好的时机！但现在有一个问题，那就是不同国家的饮食习惯完全不同。也就是说，如果将在日本开发的产品原封不动地拿到新兴国家去卖，会因为不符合当地人的饮食习惯而导致产品滞销。"

"哎……综上所述，我们必须大幅强化面向新兴国家的市场研发，根据各国不同的饮食习惯开发出相应的产品。这就需要我们大幅增加开发的产品种类。而且，如果不提高开发生产率，哎……是无法提高销量的。也就是说，需要在开发周期不变的基础上增加开发的产品种类，所以必须对产品开发的生产率进行大幅度的改善。"

田口转向高田问道:"听了高田先生的说明,我已经很清楚开发部门必须大幅增加开发的产品种类的原因。但是,我却不知道具体应该怎么做。吉野专务在生产革新室推行生产改革的时候,至少还有丰田这个样本做参考。"

"哎……哎……我也去工厂参观过,被丰田和我们公司之间的差别吓了一跳呢。"

"是吧。可是在产品开发这方面,可没听说过有哪家公司曾经大幅地提高过生产率,而且也没有任何大幅提高开发生产率的相关经验。要想大幅增加开发产品种类,就要大幅增加开发预算,还得大幅增加开发人员。预算可以增加吗?"

田口面红耳赤地说着。因为这对她来说实在是太突然了。事前没有任何征兆就在经营会议上被人问起如何大幅提高开发生产率的问题,她根本不知道应该如何回答。田口只能控制住自己的情绪尽可能地进行反驳。可是,她又害怕如果自己反对得太过强硬,村坂社长会觉得她的态度不够积极。毕竟田口最不希望的就是给村坂社长留下身为干部却没有干劲的印象。

这一点当然也被高田看在眼里。他知道,事情发展到这一步,接下来只要村坂社长出面,所有的一切就都能解决。这也是一直以来经营会议的固定模式了。

不出所料，一直沉默不语的村坂社长终于开口说道："田口女士，你说的这些我都理解，但实际上，为了将开发产品数量增加到两倍而追加开发人员的做法并不可取，且不说培养这些新人成为可用之才就要花上好几年的时间，资深设计师和新人设计者之间发生矛盾的概率也是非常大的。不仅如此，如今日元升值，在国内大量增加雇用人数的风险太大了。而将产品开发都转移到海外也不是随便说说就行的。"

那到底应该怎样做才好啊，社长？田口在心中嘀咕道。

"田口女士，十几年前我们去导入丰田生产方式的工厂参观的时候，简直就像来到了外星球一样。因为丰田生产方式完全颠覆了之前我们所知的常识。这次我希望能够将这种方式应用在产品开发上。当然，我并不强求你现在当场就做出什么承诺。只要你能够在明年之前竭尽全力地去寻找办法，有所发现的时候敢于大胆尝试，我就很满足了。"

既然社长都把话说到了这个地步，田口便再也找不出任何借口。要想让社长放心，她只能表现出积极的态度才行。

"明白了。今天突然提出这个问题，我也没办法给出任何具体的回答。不过，关于大幅提高产品开发的生产率是现在经营战略上最重要的课题这一点我已经很清楚了。尽管目前我还不知道有哪家企业通过这种开发方法取得了成功，但我会尽量去寻找。希望高田先生和生产统括吉野专务也能助我一臂之力。"

田口说得很诚恳，村坂社长满意地点了点头。

"既然如此，那就这样吧。吉野君那边的生产革新室一直以来都在推进生产革新，从今往后也同时负责产品开发的革新。归高田君的经营企划部管辖。本来生产就是包括开发的嘛。将产品开发和生产的革新活动统一起来，并且由经营企划部进行管辖，身为社长的我就可以直观地看到这项活动的进展情况。想必大家也能看得出来，我对产品开发的革新非常重视。"

村坂社长这样说，田口和吉野也无法提出任何反对意见。

对吉野来说，自己的部门被转到了经营企划部的管辖之下，就相当于自己辛苦培养起来的生产革新室被经营企划部夺走了。而对田口来说，本应该由自己主导的产品开发革新却由经营企划部唱了主角。

不管是田口还是吉野，都对将生产革新室放到经营企划部旗下这件事感到不满。但是，他们两人都已成为下一任社长候选人为目标。毕竟村坂社长一直都说不喜欢家族式经营。圲此，他们两人都想在这次的革新活动中取得成果，向村坂社长证明自己拥有成为下一任社长的能力。

就在这时，吉野专务先开口说道："明白了，社长。将生产革新室转移到经营企划部的管辖之下。这样的话，最好在革新室里新成立一个专门推进产品开发革新的部门。不知田口专务那边有没有合适的优秀人才？"

吉野虽然心中对这项革新并不赞同，但并没有表现出来，反而露出一副对社长的计划很支持的态度。而当着社长的面，田口自然不能表现出比吉野更消极的态度。

"当然。寻找能够大幅提高产品开发生产率的方法，是到目前为止的所有课题中最困难的任务，就像是在没有海图的情况下扬帆远航一样。我会找出最合适的人选，请给我一点时间。"

然而，社长接下来说的话却给田口带来了巨大的冲击。

"田口女士，开发革新部门成立之后，如果没有具体目标恐怕很难引发真正的革新吧。我考虑了一个目标，那就是用两年的时间将产品开发的生产率提高到原来的两倍，然后在随后的几年间提高到四倍，你觉得如何？"

"这……还真是相当严格的目标呢。"

"不过，前社长经常这样说：'如果目标只是将成本削减20%，那想出的解决办法都是在常规范围之内的。但如果将目标提高到削减50%，就必须寻找超出常规的解决办法。所以要想引发革新，就应该设定打破常规的目标。'对于前社长的说法，我也是这样认为的。"

田口对社长提出的目标哑口无言，她的大脑里一片空白，因为社长提出的目标不管怎么想都是无法实现的。但她也只能在心里想想罢了，一点也不能表露出来。因为社长最讨厌的就是还没进行任何尝试就直接说做不到的干部。

"我明白了。尽管这是非常远大的目标，但我一定会全力以赴的。"

田口稍微加重了自己的语气。村坂社长也注意到了田口语气的变化，露出了满意的微笑。

第②章　没有海图的航海

「**如何让抵抗势力成为自己的同伴？**

2 月中旬 村坂工业总部 第四会议室 」

透过会议室的窗户能够看到外面的雪景。昨晚下的这场大雪在地上留下了大约 10 厘米厚的积雪。很多人今天都因为这些积雪而迟到。原本预定于九点召开的会议也推迟了一个小时才开始。

在 1 月份的经营会议召开之后，生产革新室出现了很大的骚动。

社长在经营会议上提出了两年内将产品开发的生产率提高到原来的两倍这一非常难以实现的目标，而挑战产品开发革新这一未知领域的正是生产革新室。不仅如此，生产革新室还要离开早已习惯的生产总部，被转移到由社长直接领导的经营企划部。可以说前途处于一片迷雾之中，看不到丝毫光明，同时又在社长的注视之下没有任何的退路。经营会议之后仅仅过了两周，在生产革新室中就已经出现了抱怨的声音。

经营企划部意识到对这种情况绝对不能置之不理，必须立即解决问题才能继续前进。于是今天召集生产革新室的主要成员举行了这一场会议，就方向性问题展开讨论。首先发言的是会议的主办者——经营企划部的高田。他这次的任务是让生产革新室的成员都能够积极地参与到革新活动中来。

"哎……如今开发革新体制已经基本完善，我想和大家讨论一下今后的活动方针和活动内容。因为社长提出了两年内将产品开发的生产率提高到原来的两倍，几年后提高到四倍的目标……"

高田喋喋不休地将事情的来龙去脉都讲了一遍，但对参加者来说这些话他们听得耳朵都要出茧子了。没到五分钟，参加者中就有人开始打哈欠。然而，高田接下来的话却将生产革新室的成员们从梦境拉回到了现实。

"哎……我们要在社长目标的基础上，再追加开发周期 ^① 减半的目标。正如社长所说，必须用超越常规的思维来设定目标。所以我们要追加一个超越常规的目标！"

"请等一下。"生产革新室的成员理所当然地提出了异议，"你说要在两年内使生产率翻倍，并且开发周期减半？在此之

---

① 开发周期：产品开发工作从开始到结束所需的时间。

前，开发部门已经通过三维 CAD 等方法取得了一些成效，要想在此基础上取得更大的成果恐怕是不可能的。"

发言者是后藤龙平。他之前一直担任第一开发部的课长，现在被选为生产革新室新成立的开发革新推进部的部长，是开发部门非常优秀的人才之一。他不仅作为一名技术人员十分优秀，同时也很有人望，拥有很强的领导能力。除此之外，他也早就对生产革新活动十分关注，甚至主动参加各种改善活动 ①。即便说他是最适合作为这项活动领导的人选也不为过。然而，这位"最适合的人选"竟然提出了反对的意见，由此可见，开发革新从一开始就遇到了很大的阻碍。

提出反对意见的不只有后藤。生产革新室室长泽元正广也开口说道："我也认为这次的目标有点离谱……之前我们开始进行生产革新的时候可是有模板可以参考的。"

泽元是生产技术部门的关键人物。在生产革新活动的初期阶段他一直负责推进任务，最近刚刚被提拔为生产革新推进室的室长。而随着这次的部门改组，他又成为生产革新室的室长。社内甚至有传言说他是将来担当生产干部的第一候选人。

"当时我们是从参观学习开始的。我们去参观了很多成功

---

① 改善活动：公司内部以改善生产为目的而展开的各项活动。

导入丰田生产方式的工厂，并且受到了强烈的冲击——与我们的工厂相比，他们的库存只有我们的五分之一，劳动生产率却是我们的三倍。当时我们最惊讶的一点就是，原来在这个世界上竟然还能够实现这样的生产目标。正是有了这样的参观学习，我们才能立刻着手导入丰田生产方式。"

"哎……真是了不起的行动力。"高田奉承道。泽元却不为所动地继续说道："但是，当我们在自己的公司里亲自实践丰田生产方式的时候却遇到了一连串的难题。我们试着自己找办法解决，但迟迟难以取得进展，最后还是找了外部的管理顾问才好不容易开始了改善活动。在不断的试错过程中，我们甚至还更换过管理顾问，才终于让改善活动走上正轨。走到今天这一步我们花了十几年的时间。"

"呵呵。"每当局势对自己十分不利的时候，高田就不再说"哎……"而会说"呵呵"。

"可是呢，高田先生。这次的产品开发革新，甚至连个公司外部的模板都没有。至少就我所知，那些成功进行了生产革新的企业，尽管也都进行了产品开发革新，但却都没有取得期待中的成果。虽然我也理解这是在经营课题上必须解决的问题，但你将这样的难题交给我们，我们也是束手无策的。"

生产革新室室长泽元以及开发革新推进部的部长后藤，这两位精英级的人物接连提出反对意见。但高田作为会议的主办者不可能就这样向"抵抗势力"低头。

"呵呵。两位的意见我明白了。那么，作为年轻人的代表，西川先生也说说自己的看法吧。"

高田知道，在年轻一辈之中有很多人都对村坂工业的未来隐隐地有一些不安。所以他希望能够利用年轻人的发言来扭转一下局势。

"既然如此，那我就说一下自己的意见。"

被高田点名的这位技术人员叫作西川真也。他是开发部的年轻一辈中非常优秀的技术人员之一，在这次成立开发革新推进部的时候，开发统括田口专务特别点名了两个人，一个是后藤，另一个就是西川真也。他虽然年轻却很有主见，而且不管对方是什么人都敢于表达自己的观点。

西川是关西人，尽管他自从入职村坂工业以来已经在关东居住了八年，但说话还是一口关西腔。

"现在说那些做不到的理由根本毫无帮助。不如首先把活动分成两部分如何？第一个活动是在公司外部、全日本乃至全世界范围内收集信息，看看有没有通过产品开发取得巨大成果的真实案例。仅凭我们能够收集到的信息是十分有限的，可以拜托经营企划部和海外营业部一起帮忙。您意下如何？后藤先生。"

"说的也是，应该更积极一点。既然如此，我赞成西川说的收集情报活动。搞不好在这个世界上或许真有通过我们意想不到的开发方法取得成功的企业呢。虽然要找出这样的企业十分困难，可一旦找到那帮助是相当大的。对了，第二个活动是什么？"

"第二个活动就是分析一下在对生产革新有效的方法和工具之中是否有同样适用于产品开发革新的，如果有就尝试一下。或许只用进行第二个活动就可以达到目标呢。"

"很遗憾，我认为第二个活动不会有效。你身为开发部门的人应该很清楚才对。产品开发和生产完全不同，不是具有可重复性的定型业务，而是更有创造性的，每次进行的都是不同的业务。就算能将丰田生产方式的方法和工具应用到其中，恐怕也是非常有限的。"后藤反驳道。

"后藤先生，我知道产品开发和生产的业务性质完全不同。但是，我们开发者往往过于相信自己的工作具有创造性，结果却忽视了开发业务中定型的工作。"

"嗯，确实也有这种情况。"

"最近我将产品开发业务从商品企划到构想设计、具体设计、生产准备、批量生产的一系列过程都重新梳理了一遍。我发现从具体设计之后的业务有相当大的部分都是定型业务，因此应该可以使用生产革新的方法。"

西川即便面对前辈也敢大胆地提出反驳。

"我也参加过不少生产革新的改善活动，所以对这一点非常理解。确实正如你说的那样，开发的后半部分有很多和生产类似的定型业务，应该可以使用生产革新的方法，对吧？只不过，商品企划和构想设计是最大的问题。你应该也很清楚，任何一家企业产品开发中最大的问题，都是在构想设计进入具体设计阶段和测试、试验阶段发现错误，结果不得不回到开发初期阶段重新设计，也就是频繁出现返工的情况。"

"确实如此。特别是尝试开发具有划时代意义的新技术和新功能的时候，返工的次数更多。以前甚至还出现过不得不中止开发的情况。"

"是啊。对于这种开发特有的问题，生产革新的方法是派不上用场的。"

"这我知道。所以我才提议将活动分成两部分进行。第一个活动就是在全世界范围内收集信息，看看是否能够找到对生产革新来说最为关键的防止在构想设计阶段返工的办法。第二个活动就是将生产革新的方法导入到开发后半阶段定型业务比较多的部分之中。确实，第二个活动所取得的成果要比第一个活动小很多，但这就像棒球中的触击球一样，能够确实地取得成果。而第一个信息收集活动，如果真的找到了方法那就相当于打出了本垒打，但找不到的话就是三振出局。为了在第一个活动毫无成果的情况下不至于空手而归，我们还应该同时进行第二个活动。"

"你很擅长表达嘛。听你这么一说我多少也能够接受了。尽管在两年之内将开发生产率提高到原来的两倍，开发周期缩短到一半这种要求简直就是强人所难，但究竟是否能够做到，现在谁也说不准。不过要是将生产革新的方法应用在开发上，就算不能将生产率提高到原来的两倍，再努力一把，提高三成到五成还是有可能的。就将这作为我们这次活动最低限度也要达到的内部目标吧。"

后藤终于点头认可。

既然开发革新推进部的部长后藤与年轻人西川这两个人都表示出了积极的态度，身为生产革新室室长的泽元也没办法再拒绝了。

"明白了。如果真如西川君说的那样，生产革新的方法也能够应用在产品开发上，那生产部门一定会全力以赴提供帮助。"

"既然如此，那开发部门和生产部门就尽快携起手来，举办一个开发业务改善活动怎么样？首先找出在生产革新的方法中，有哪些可以帮助开发业务进行改善。我来负责筹办这个活动。后藤先生，能拜托您一件事吗？可不可以和第一开发部的坂口部长打声招呼，让他给开发部的人留出参加活动的时间？"西川说道。

"好的，没问题，包在我身上。坂口部长是我刚入职时候的上司，跟我是铁哥们。他爱喝酒，只要找他出去喝点酒，什么事都好说的。更何况这还是社长钦点的项目，那就更没问题了。事不宜迟，马上开始行动吧。活动就在两周之内举办。这段时间我也去和做产品开发管理顾问的朋友谈一谈。"

后藤似乎一下子变得干劲十足。

从生产革新中找办法

2月下旬 开发中心 第六会议室

开发部门终于举办了第一次改善活动——寻找改善的方法。

"大家早上好。我是这次活动的举办人西川。本周，我们将用五天的时间来寻找在生产革新的方法中有哪些能够适用于产品开发，并且对找出来的方法进行实际的应用测试。"

后藤以及泽元都参加了这次活动，尤其是生产革新室室长泽元，他还担任这次活动的指导员。其他的参加者大多都是第一开发部的开发者。这些人都是由泽元、后藤、西川三人经过商议后挑选出来的优秀人才，然后由后藤对他们的上司施压，给他们留出一周的空闲时间用来参加活动。这么不讲道理的做法都能成功，要多亏后藤请第一开发部的坂口部长一起喝酒的战术发挥了巨大作用。

星期一的一大早，参加活动的成员们都聚集在会议室，讨论生产革新的各种方法和工具是否能够应用在产品开发上。根据以往的经验，讨论内容包括看板管理、后工序补充生产、品质管理、自动防故障、平准化生产、一个流生产、单元生产、可视化管理、整流化生产等。问题的关键在于如何将适用于生产革新的办法和工具应用到产品开发之中。很多参与者都认为开发和生产完全不同，对在生产环境下适用的方法能够应用到产品开发环境中的这种说法半信半疑。

　　尽管如此，也不能光是一个劲地说"做不到"。参会者还是试着将这些方法和工具都应用到产品开发中去，通过模拟的方式分析其实际的可行性。但结果正如大家预想的那样，很多方法和工具都不适用。

　　不过，经过周二和周三两天的持续讨论，参与者逐渐发现了一些似乎能够应用于产品开发的办法和工具。周四那天，参会者将这些方法和工具汇总在一起，向开发部的其他负责人征求意见。西川等人决定在周五召开一次全体会议。

　　星期五早晨，大家都来到了会议室。首先起身发言的是西川。

　　"接下来，我想为大家介绍一下我们这次活动所取得的成果。如今，生产部门采用了可视化管理，我认为这种方法也可以应用于开发，特别是进程管理的部分。毕竟我们开发人员遇到的最大问题，就是即便已经规定了工期，我们也都没有按期完成开发任务的意识。"

会议室里响起一阵苦笑声。

"为什么不能按期完成呢？现在的开发计划，都是由项目经理和他的部下从最开始制订出整个开发项目的详细日程，然后将其导入到项目管理软件中再交给开发者的。我们在这周对相应的项目进行分析后发现，没有一个项目严格按照计划执行。对产品开发来说，将一年的工作计划以天为单位事先制订好这种做法本身似乎就不切实际。而且对于接到计划的开发者来说，这种计划就好像是被画在纸上的大饼。他们从一开始就没有按照计划进行的打算。"

听了西川的发言，泽元室长苦笑着点了点头。

"因此，我们从三个观点出发，思考创建制订开发计划并对进程进行管理的工具。首先是设置可视化管理板。现在我们有好几个开发项目，应该给每个项目都安排一个专用的项目办公室，然后在办公室内设置一个像生产部门使用的可视化管理板一样的管理板，项目组成员可以在管理板旁边召开简单的会议。"

泽元思考了一下向西川问道："设置可视化管理板之后，开发计划和问题点就都一目了然了吧？"

"是的。接下来，是让开发者也参与到计划制订当中去。这样一来，开发者才能有意识地去遵守写在计划板上的计划。最后是，通过可视化管理板，可以防止出现个别开发者工作负担过重的问题，合理地安排工作量，从而防止开发业务出现延迟。"西川指着自己身后的一块大型白板继续说道，"这就是项目可视化管理板。正中间是本周与下周的行动计划，横轴以天为单位表示时间，纵轴表示负责人。左侧是项目的大日程计划，列举表示计划进程的项目里程碑①，每个项目里程碑都应包括负责人、预定结束日期，并用绿色、黄色、红色分别表示成本、日程和技术方面的情况。"

"西川君，这东西要具体应用起来可不简单吧？"泽元问道。

"那要看我们怎么做了。首先是每周一的早晨，开发团队的全体成员都要在这块管理板前集合，在三十分钟之内制订好两周的工作计划。然后给每一项作业都准备一张报事贴，上面写明负责人姓名、预定结束日期和作业内容，最后将其贴在开始日期的格子里。计划内的作业要贴在左侧，关键在于将计划内作业与计划外作业区分开。还要用粉色、黄色、绿色的报事贴来区分各项作业的优先等级，做到一目了然。大致上就是这样。"

听完西川的发言，控制系统设计的负责人神保翼感叹道：

---

① 项目里程碑：项目推进中的重要节点，比如关键会议、试验开始日等。

"这个办法真不错啊！"

神保入职村坂工业已经五年，虽然比西川资历更浅，但却凭借自身的实力成为控制系统设计的核心人物。尽管他染了一头茶色的头发，但在实力至上主义的村坂工业，没有任何人对他的服装仪容提出过异议。

"我们控制系统设计部门一直以来都是单方面地接到项目管理软件发来的文件，但实际上这样的工作安排对我们来说稍微有些不太合理。如果按照西川先生说的那样采用新的计划方法，让大家能够根据自己的实际作业情况和工作负担来安排日程，我觉得大家的工作积极性肯定会更高，参与的意识也更强。另外，实际操作的时候是否可以将其 IT 化呢，也就是说将数据输入到电脑里，然后用一个大型的电子屏幕显示出来怎么样？"

泽元答道："不，还是不要 IT 化为好。"

"为什么呢？"

"用白板和报事贴是最好的选择。在进行生产革新的时候也有人提议用 IT 化来取代可视化管理板，我们进行了一部分尝试，发现这样做除了浪费钱并没有任何效果。事实上，最重要的并不是在管理板上将信息公布出来，而是大家在这些信息跟前进行交流和讨论，然后制订计划并且执行。"

"原来如此。"

"开发部门之前用三维 CAD 等 IT 工具来提高设计效率，恐怕看不上这么原始又没科技含量的方法吧。但这种方法在生产革新中非常有效，所以我觉得对提高开发生产率应该也会有所帮助。这种方法还有一个好处，那就是使用者可以在使用过程中对管理板的形状进行改变。"

就这样，开发部门逐渐形成了可视化管理与开发者参与制订开发计划的雏形，并且从下周开始就要将其应用到一部分的项目之中。

发现海图

3 月上旬 东京·六本木 意大利餐厅

改善产品开发活动结束之后，后藤作为开发革新推进部的部长立即着手进行改革。不过，现在的前进方向尚不明确。生产与开发虽然也有许多共通的部分，但绝对不能一概而论。要想取得开发革新的成功，一味地模仿生产部门是绝对不行的，还必须采取一些开发部门独有的方法。后藤对这一点十分肯定。

后藤走进餐厅的时候，稻田早已在这家餐厅中唯一的包间里等候多时了。稻田公人是后藤在大学时的社团好友，最近刚刚成为产品开发管理顾问。通过邮件交流，后藤得知自己的这位好朋友之所以会成为管理顾问是因为他在国外学习了最新的产品开发方法，并打算将其在日本推广。

得知这一消息的后藤仿佛抓住了救命稻草一样，立刻邀请稻田一起吃饭。万一稻田的方法真能够使产品开发的生产率得到大幅的提高，那就是相当了不起的成果。后藤带着隐隐的期待和不安，在稻田的对面坐了下来。

后藤很中意这家意大利餐厅，这家餐厅不但包间环境非常幽雅，而且因为位于六本木高层建筑的五十层而能够欣赏到十分美丽的夜景，正对面还能看到东京塔。

"稻田，你的身材和上学的时候几乎没什么变化嘛。我都胖了十五公斤了。"

"因为你开车上下班吧。你有在运动吗？我喜欢跑马拉松，每周都跑四十公里呢，去年一年我总共跑了两千公里。不过就算这样，我也比上学的时候胖了五公斤。当然，和你比的话是好多了。"

"我除了每个月打一次高尔夫就没有什么像样的运动了。马拉松听起来倒也不错，不如我也试试。因为老婆已经提醒我注意体重问题了。好啦，言归正传吧。你在邮件里提到的那个新型开发方法到底是什么，我对这个很感兴趣。"

"那我就长话短说吧。20 世纪 90 年代初，密歇根大学的艾伦·沃德博士为了研究丰田的产品开发而来到日本。他发现丰田采用了一种完全脱离常规的开发方法，使自身的产品开发生产率与开发周期都远远领先于其他企业。他根据自己的研究成果创作了一篇名为《丰田的第二悖论》的论文，引发了巨大的反响。"

"第二悖论？那第一悖论是什么？"

"丰田生产系统明明与一直以来的生产规则相违背，但是却达到了极高的生产指标①。这就是第一悖论。而第二悖论指的是，在产品开发领域丰田同样违背了一直以来的规则，但却取得了前所未有的成果。比如，在设计初期同时讨论多个方案，在初期不严格确定产品的规格，随着开发的进展和知识的积累而逐渐将规格详细化等方法。"

"不会吧？这样做的话，开发岂不是变得一团糟了？从常规来说，在开发初期将备选方案缩减得越少才越有效率，而且如果一开始不明确规格，那开发出来的东西岂不是模棱两可？丰田的做法如此违背常规，为什么开发还能够顺利进行呢？"

"你会感到奇怪也是正常的。因为除了丰田的所有企业都和你持同样的想法。所以沃德博士才将其称为'第二悖论'。"

"后来怎么样了？如果沃德先生将他的发现公之于世，那我

① 生产指标：表示劳动生产率、残次品率、设备运转率等生产力多少的数字。

应该也知道这件事才对，可是我却对此一无所知。"

"这个丰田式的开发方法之所以没有在全世界范围内得到爆发性的普及是有原因的。沃德博士将这种方法命名为'精益产品开发'，因为丰田生产方式在国外被称为'精益生产'。沃德博士在 2000 年从密歇根大学辞职，开始从事精益产品开发的管理顾问活动。他先以 GM、福特以及克莱斯勒等大型企业为目标，希望能够说服对方导入精益产品开发的方法，但绝大多数的企业都拒绝了他。不过其中也有惠普①和哈雷戴维森等企业表示对他的方法感兴趣。然而不管是沃德博士还是接受他指导的企业，其实都没有用精益产品开发取得成功的经验，可以说大家都在摸着石头过河。"

"惠普和哈雷吗？真了不起啊！"

"遗憾的是，2004 年沃德博士因为私人飞机失事而丧生。没有了堪称'精益产品开发始祖'的沃德博士，精益产品开发的普及至少推迟了五年。"

"原来是这样才迟迟没有得到普及。"

"后来，沃德博士的学生们逐渐将精益产品开发的方法在美国的企业中间推广开来。与精益产品开发相关的书籍陆续出版，相关的会议也举办了不少。最近，以欧美为中心导入精益产品

---

① 惠普：总部位于美国，主要进行计算机相关产品的开发与销售。

开发的企业已经超过了两百家。不过，在日本却只翻译出版了一本很厚的专业书籍。可以说除了丰田系的企业，精益产品开发在日本几乎无人知晓。"

"精益产品开发在美国真的普及了吗？我怎么一点也没听说过呢？"

"的确，生产部门普遍采用的精益生产不仅被全世界许多生产企业导入，甚至还普及到了医疗机构和银行等服务行业。与之相比，精益产品开发在开发部门的普及即便在欧美也是相当低调的。"

"为什么？莫非是因为与精益生产相比，精益产品开发的成效不那么显著吗？"

"我觉得并非如此。与精益生产相比，精益产品开发所产生的效益一点也不小。根据哈雷戴维森的人写的书中所记载的内容，自从导入精益产品开发之后，他们在保持原有人数不变的情况下，年度开发产品种类却提高到了之前的六倍。"

"哦？新产品的开发数量可是没办法造假的。这么说，精益产品开发已经得到了实践证实，只要操作得当就能够取得巨大的成果。"

"精益产品开发之所以难以普及，是因为它不像精益生产那样，只要去工厂参观一下就能够一目了然，毕竟产品开发的过程是看不见的。另外，产品开发的生产率和周期都属于企业机密，很少被公开，这也导致精益产品开发的成果难以被人发现。还有一个原因，那就是产品开发部门经常被看作是神圣不可侵犯的领域，难以进行业务改革。"

"也就是说，只要成功导入精益产品开发，就能够实现将开发生产率提高到原来的两倍，开发周期缩短一半的目标吗？"

"何止，哈雷和高尔夫球杆生产企业PING甚至将开发生产率提高了四倍以上呢。所以你们公司的目标完全可以实现。"

"是吗？我总算在黑暗之中看到了一丝光明。咱俩是老朋友了，所以你说的话我都相信，要是换成别的管理顾问对我说这些，我肯定以为他在吹牛。不过，我还是不知道究竟应该怎样做才能取得这么显著的成果。能简单地给我解释一下吗？"

"这个嘛，光是说明就需要花上两个多小时。方便的话最好能把你公司的人都召集到一起，我免费进行两个小时左右的演讲好了。"

随后，稻田与后藤又讨论了开发和革新等话题。稻田认为，企业要想增强竞争力，革新是非常重要的一环，而精益产品开发对于那些想要引发革新的企业来说是最有效的方法。

"可是，稻田，开发这件事呢，革新越大，越不知道是否能够顺利进展。也就是说，不确定性更高，失败的风险更大。开发者都面临着既想进行革新又不想承担风险的困境。"

"这就需要精益产品开发的精髓——'多点开发'出场了。"

"那是什么？第一次听说这个词。"

后藤虽然喝得迷迷糊糊，但对精益产品开发，尤其是其中这个叫作"多点开发"的方法十分关注，因为它关系着如何解决自己当前所面临的问题——在两年内实现将开发生产率提高到原来的两倍这一目标。

"你刚才说的那些内容还有很多我不太明白的地方，所以请你无论如何都要来我们公司做个演讲。还有，如果有哪家公司通过导入这种方法取得了成功，我很想去参观学习一下。"

"演讲我随时都没问题，但最好能够让干部和社长都来参加。"

"明白。这种活动如果得不到经营层的理解和支持肯定是搞不好的。"

"关于参观学习这件事，坦白地说，目前日本还没有取得成功的先例。现在我的客户企业有两家，但也都是刚刚起步而已。我辞去上一份工作后用了六个月的时间去海外的公司考察，拜访了不少管理顾问，查阅了很多文献与资料，才终于拥有了做管理顾问的资格，而我做这行还不到半年。不过，我和跨国的管理顾问公司有合作关系，可以帮你安排去他们公司指导的海外企业进行参观学习。"

两人越聊越投机，六本木的夜色更深了。不过，后藤真正领会到精益产品开发的厉害之处是在开发项目实际开始之后的事了。今晚只不过是个开端而已。

「年轻人减少"工作库存"的方法

透过会议室的窗户，能够看到种植在停车场旁边的梅花盛开的美景。后藤比会议开始时间提前了十五分钟到场，等待其他人的到来。今天是决定开发革新方向性的大日子。经营企划部长高田第二个走了进来。

"哦，后藤先生，真是干劲十足啊。想必你也是知道的，这次会议的决定将会上报给社长和干部成员。所以今天的会议非常重要。"

临近会议开始，生产革新室的主要成员以及第一开发部的成员们都陆陆续续走了进来。等所有人都坐好之后，后藤开口说道："前几天，我们举办了开发流程改善活动。在生产革新部的指导下，第一开发部的同事们用了一周的时间完成了这项工作。西川君，可以把当时的情况说明一下吗？"

"前几天，我们按照之前的决定制作了项目可视化管理板，并将其放置在项目办公室内。这是一个可以使项目过展情况一目了然的工具，而实际使用到的物品只有白板和报事贴。有人因为这东西看起来没什么技术含量就小瞧了它，以为没什么效果，但实际使用之后却被吓了一跳呢，是吧？"

西川对身边的控制系统设计负责人神保问道。

"啊，是的。正如西川前辈所说，最近在我们控制系统设计部门，开发的进程有点跟不上。我正一筹莫展的时候，多亏了可视化管理板，上司很快就意识到了我们这边的状况……然后我们就一口气将进度赶了上去。可视化管理板真的很有用。"

神保故意模仿西川的关西腔，引得会场内一片大笑。西川不服输地继续说道："有用的可不止'可视化管理'。精益生产的原则'小批量生产'也很有用吧。"

后藤接着西川的话说道："小批量生产是已经应用于生产现场的精益生产方法的表现吧。小批量生产，也就是避免出现大量库存。这要如何应用在设计上呢？这部分请详细地解释一下。"

"没问题。我们采用的是设计作业小批量化，举个例子来说吧，一直以来我们都要花费几周的时间来制作图纸，然后再统一进行图纸检查。但是统一进行大量的检查也要花费很多的时间，结果就会导致检查时间一拖再拖。"

"说到我的痛处了。以前我就有过因为忙于会议而导致图纸检查工作迟迟无法完成，给部下添了不少麻烦。"后藤低头道歉。

"为了避免出现这种情况，现在我们每周固定拿出两天的时间专门用来进行图纸检查，并且由资深设计师来对图纸进行检查。这样一来，就可以更加顺利地传达设计信息，相当于减少了开发工作的库存。"

后藤赞同地点了点头。

"以上就是现在的状况。"

"西川君，非常感谢你的报告。生产革新的方法竟然也能够应用于产品开发革新之中，还真是令人感到意外。"后藤满意地说道，然后开始了下一步的议程，"那么接下来，我想听听大家对'多点开发'都有什么感想？"

刚才西川提到的"可视化管理板"和"小批量生产"，都是在村坂工业进行生产革新的时候采用过的方法。但现在进行的精益产品开发实际上具有生产部门没有的独特要素。这些独特的要素总共有四个，包括多点开发、主工程师制度、节奏与流程的确立以及负责任的专家团队。

虽然这四个要素可以同时学习，但考虑到消化吸收的问题，后藤认为还是让大家逐一理解更好。他首先选择的是多点开发，因为不管是开发部门还是生产部门，都对这个要素十分陌生。

几天前，后藤邀请稻田作为管理顾问来公司里举办了一次演讲会，主要对多点开发的相关内容进行说明。当时不只生产革新室的成员，就连村坂社长和开发统括田口丽子以及生产统括吉野等人都参加了。后藤还将从稻田那里拿来的补充资料给每一位参与者都发了一份。

"请大家畅所欲言，谈谈自己对多点开发的感想。"

直到目前为止，还没有人对稻田的演讲提出任何反对的意见。虽然没有反对意见，如果不听大家谈谈感想，后藤还是不敢确定大家对于这项举措究竟是怎样的一种态度。

最先发言的是控制系统设计负责人神保。他认为，导入新的开发方法肯定会加重自己的工作量，影响自己的工作效率，但从长远的角度来看，新的开发方法能够降低返工的风险，还可以共享其他开发者的知识，所以从总体上来说，精益产品开发是利大于弊的。其他人也和神保一样，认为尽管会有些麻烦，但总的来说对新的方法还是十分期待的。

看到大家都对导入新方法表示支持，后藤站起身说道："我会在这周之内制订出详细的导入计划，并且计算出所需的预算和人员。然后下周第一时间将结果由经营企划部上报给社长和干部们，并征求他们的意见。如果一切顺利，在新年度开始的 4 月份就可以请稻田先生来给我们进行指导了。"

没有人对他的决定提出异议，会议顺利结束。

第③章　向开发革新启航

掌握开发革新关键之人的提案

4 月上旬 开发中心 大会议室

从今天开始，由稻田负责指导的正式的开发革新终于扬帆起航了。开发中心周围的樱花绽放，仿佛在为开发革新的扬帆起航助威喝彩。3 月下旬，后藤已经向社长、吉野专务、田口专务以及高田部长进行了说明，并且顺利地得到了批准。因为以社长为首的经营干部们之前听过稻田的演讲，对他所说明的开发方法很感兴趣，所以这件事可以说是早就定下来了。

大会议室里弥漫着一股紧张气氛。开发中心的大会议室的布局好像教室一样，里面有三十多个座位。开发部门的主任以上人员，以及生产技术、生产部门的课长以上人员全都参加了这次会议。会议最初的十分钟，由村坂社长与两位干部发言，宣布开发革新运动正式开始。

随后，稻田向参加会议的干部们再次进行了一次关于精益产品开发的演讲。两个小时的演讲结束后，按照惯例进入了问答时间。

"我们每天都要加班到晚上十点，但工作进度还是赶不上预定计划。要是一直这样下去，身体也是吃不消的。到底应该怎么办才好？我感觉就算这项改革顺利进行，当前的这种状况似乎也不会有什么改变……"

控制系统设计部门的新人带着一脸不满的表情提出质疑。其实这并不只是他个人会有的疑问，而是这个会议的参会者都有的共同问题。稻田知道自己必须慎重地回答这个问题，毕竟如果得不到开发者的支持，那这项活动就绝对无法获得成功。

"不只是你，我指导过的每一家企业都有人提出过同样的问题。甚至可以说，现在日本生产企业的开发现场都是这样疲惫不堪。这说明我们正处于一种恶性循环之中。我将其称为'死亡螺旋'。只要能够摆脱这种恶性循环，状况就会逐渐好转。但是，如果不采取任何措施，那你们的问题将永远也无法得到解决。"

新人撇了撇嘴说道："那究竟应该怎么做才好呢……你该不会想让我们干到累死吧？"

"不，我没有权力说那样的话，而且我也不打算说那样的话。但是，要在完成日常工作的同时掌握新的开发方法绝非易事，所以我想到了一个比较现实的方法。"

"是什么方法？"

"首先，要重新审视开发项目。给开发项目设定优先顺序，把那些优先级较低的项目延后或者取消。"

会场一片哗然。这种事怎么可能呢？稻田为了安抚大家的不满情绪继续说道："开发项目之中，既有对公司来说具有战略意义的重要项目，也有重要客户提出的无法拒绝的项目，还有以削减成本为目的的关键项目。但是，要想以我们目前的人力来完成所有的项目，那就只能陷入死亡螺旋，而最终的结果就是所有的项目都迟迟难以完成。"

这时，控制系统设计部的神保开口说道："稻田先生说的确实没错，但我只是控制系统设计的负责人，没有权限停止现在正在进行的项目。"

"关于这一点，请你放心。因为产品开发革新活动是社长亲自下达的命令，所以我们可以在这段时间内只做最重要的开发项目。有管理层的大力支持，我们就能够拿出时间来进行产品开发革新，从而摆脱死亡螺旋，实现良性循环。"

神保似乎还是有些没明白，继续问道："就算这样能够空出一些时间，那又能做什么呢？"

"知识创造。"

"什么？你说知识什么？"

"知识创造——这也是精益产品开发与其他方法之间最大的区别。一下子说太多的话，大家可能也记不住，总之首先只要学会'LAMDA'和'A3报告书'①的方法就好。只要掌握了这两种方法，就可以在产品开发革新的过程中有意识地创造知识，并且将这些知识记录下来。只要大家亲身实践一下，自然就会理解'知识创造'到底是什么意思了。"

"明白了。那么，LAMDA和A3报告书又是什么呢？"

"LAMDA与大家非常熟悉的PDCA循环②很相似，是将产品开发的过程细分化的方法。A3报告书则是将知识总结在一张A3纸上的方法，只要掌握了这个方法就可以省去许多制作文件的时间和精力，让工作变得更加轻松。虽然可能在未来几个月，大家的工作负担会增加一些，但随后知识积累的效果就会逐渐显现出来，大家的工作效率一定能够得到提高。等效率提高到一定程度之后，我们再正式开始多点开发的尝试。怎么样？"

从参会者的表情上来看，他们似乎还没有完全理解。但因为这是社长钦点的活动，而且管理层都非常重视，所以无论如

---

① LAMDA和A3报告书：这两个都是精益产品开发的基础工具和方法。
② PDCA循环：即按照计划（Plan）、执行（Do）、检查（Check）、处理（Act）的顺序循环，进行质量管理。

何都必须支持。就这样，干劲十足的船长带着一群对这次航行的意义半信半疑的船员开始了向产品开发革新的远航。

第一个难题——熟练掌握强大的工具

4 月中旬 开发中心 开发革新项目办公室

在开发中心有一个专门为开发革新项目准备的办公室。这个能够容纳二十多人的大房间的墙壁上贴着一个用来表示项目进展情况的管理板。稻田正在面向所有开发者进行多点开发的基础讲座。目的是在 5 月下旬之前让 95% 的开发人员都能够学完二十个课时的讲座。

今天稻田与项目的主要相关人员聚集在一起召开每周一次的例会。

"到目前为止我进行了三天的讲座，感觉效果还可以。从开发人员的表情和提问来看，大家的态度都很积极。你们那边收到了关于讲座的反馈意见吗？"稻田问完后，西川答道："多亏社长或延后或中止了一部分开发项目，开发人员的工作负担并没有增加，所以在这方面并没有出现不满情绪。我还面向所有开发人员进行了一次问卷调查，总体来说结果不错。尽管其中也有'不知道对自己的业务有什么帮助'之类的疑惑，但强烈反对的意见一个也没有，倒是有不少积极肯定的意见。"

稻田又问道："听说你们之前导入了生产革新的方法，这个改善活动目前状况如何？虽然我也想参加一次这种活动，但目前忙于讲座并没有时间。"

这次回答稻田的人是控制系统设计负责人神保，他说道："可视化管理最先在模具现场开始尝试，感觉效果比预想的更好。今后或许可以应用在其他的部门，怎么样？"

"当然，尽快普及才好。"

在开发革新推进部，除了西川和神保，还有机械设计负责人、试验负责人以及生产准备负责人，其中三名专职、两名兼职，共计五名成员。

稻田对神保建议道："导入可视化管理之后，接下来需要进行的就是开发计划和实行管理方法①的变革。借用'精益产品开发的始祖'沃德博士的话来说，就是必须让'负责任的专家团队'②制订计划来实行管理。也就是说，让拥有丰富专业知识和经验的专家来亲自安排开发日程，同时对按期完成承担责任。"

神保快速地点了点头："确实，一直以来我们公司的开发

① 开发计划：就是对开发的具体作业、顺序、周期、必要人员和设备等进行的计划。实行管理方法：就是让开发按照计划进行的管理方法之一。具体来说就是在开发实行时对突发问题进行迅速的应对，改变人员的配置等的方法。
② 负责任的专家团队：指的是丰富的专业知识，亲自制订工作计划并且承担责任、严守工期的人才或团队。

日程都是由项目管理者安排的，然后将日程强行安排给开发者。这样一来就变成了管理者对开发人员是否遵守日程进行监督的模式，开发人员自己却没有遵守日程的责任感。"

"是的，但在精益产品开发之中，要求开发者拥有自己制订计划并且自主遵守工期的态度。"

听了稻田的话，神保轻轻地拍了下手，赞同地说道："这才是我们公司应有的状态。现在的状态正如稻田先生所说，上层强行将并不合理的日程安排给开发者，开发者则因此承担着巨大的压力，每天不得不加班到深夜。现在开发者们全都怨声载道，甚至有些人已经自暴自弃到干脆对工作计划置之不理的程度。"

"虽然导入可视化管理也取得了一定的成果，但追根溯源还是要让开发者自己制订计划，并且贴在可视化管理板上，使其一目了然。遇到问题的话就用红色的报事贴，而上司和资深设计师应该在看到之后立刻去提供帮助。只有改变行动模式才能说是真正意义上的开发革新。"

"原来如此，如果开发者遇到问题并且贴出红色报事贴之后却没有人来帮忙，那这个可视化管理板就形同虚设，恐怕再也没有人会用了。"

"大家不能将注意力只集中在管理板这个表面的硬件上，更应该重视的是隐藏在硬件背后的软件，也就是行动模式。希望大家在进行改革的时候能够注意这一点。"

听了稻田的话，所有人都点了点头。

上司也需要培训

5 月中旬 开发中心 大会议室

5 月黄金周假期之后又过了一个星期，稻田针对 LAMDA
和 A3 报告书的培训活动进展顺利。因为这是精益产品开发中最
关键要素即多点开发的基本技能，所以必须让开发者们熟练掌
握才行。

稻田的培训方法以实践为主。当教完 LAMDA 和 A3 报告
书的概要之后，他就要求开发者们根据各自在开发上的课题，
一边实践 LAMDA 流程一边制作 A3 报告书。到了这个阶段，
就没办法在会议室中进行集中培训了。参加培训的开发者只能
通过贴在会议室外面的预约表来预约单独接受稻田指导的时间。

而在进行个人指导的时候，稻田会尽可能邀请接受指导的
开发者的上司同时到场。他之所以这样做，是因为在他的培训
结束之后，上司还要对部下进行许多指导，而这时的经历可以
给上司提供一些参考。

今天稻田要面向开发革新推进部和开发部门的关键人物进

行一次演讲。当他来到大会议室的时候，里面已经聚集了十五人左右。

稻田的演讲随即开始。

"大家好，关于精益产品开发的基础技巧——LAMDA、A3报告书，以及基本开发方法——多点开发的相关培训活动一切进展顺利，预计在本月之内结束。在进入下一阶段，也就是正式导入多点开发之前，我想借今天这个机会，对导入案例和导入方法进行一下说明。"

紧接着，稻田以一家名叫"特利丹·贝索斯"的美国企业为例，对这家企业的社长亲自带头导入精益产品开发并取得成功的事例进行了详细的说明。在出席者之中，有的人眉头紧锁，仿佛对这种方法是否能够应用于自己的部门心存不安，但更多的人则显得兴致勃勃，听得非常仔细。这一幕也让稻田相信自己正朝着正确的方向前进。

第④章　开发流程革新

今天是一个特别的日子。村坂工业的开发革新活动进展顺利。稻田认为对开发流程进行革新的时机已经到来，于是便召开了这次会议。

"大家早上好。梅雨结束之后天气变热了呢。"

田口专务也参加了这次会议，并且将在会议上与稻田进行讨论。讨论的结果将决定开发革新是否要进入下一个阶段。对稻田来说，他希望通过充分的讨论，可以让开发革新在得到干部认可的前提下顺利进入下一阶段。

开发革新推进部和开发部的主要成员悉数到场。简单寒暄了几句之后，稻田开始说明到目前为止的状况。

"那么，接下来要做的是什么？"田口专务开门见山地问道。

"接下来准备对多点开发这一开发方法进行实践。那么，请问生产革新室室长泽元先生，您对多点开发是怎么理解的，可以说明一下吗？"

突然被点了名，泽元一时间显得有些惊慌，但很快他就恢复了冷静。然后他一边回忆培训时学到的内容一边说道："我的理解……多点开发就是在构想设计阶段同时讨论多个备选方案，然后逐渐缩小选择范围，最后集中到一个方案，是吧？"

"完全正确。一直以来，贵公司在进行产品开发时，都是先决定具体规格，从一开始就进行详细设计 ①。但多点开发在集中到一个方案之前都不会开始进行具体设计，只有在完全决定产品的规格之后才开始进行具体设计。所以，精益产品开发被分为多点开发和具体设计两个阶段。这与传统的开发方法有着非常大的区别。另外，多点开发还有一个特征，泽元先生您知道是什么吗？"

这次泽元没有犹豫，不慌不忙地答道："多点开发非常重视知识创造和对知识的再利用。在过去的开发项目中积累下来的知识，都可以被再次利用起来。所以，在将构想设计阶段提出的各种创意具体实现的时候，可以先检索过去积累的知识，如

---

① 详细设计：根据明确的产品规格和技术来绘制产品设计图，制作样品进行试验，属于开发的后半部分。

果有合适的方法就直接运用。只有在必须创造新知识的情况下，才按照LAMDA流程制作样品进行试验，或者通过数码模型 ① 和数字化模拟来创造新知识。此外，为了让这些知识今后还能够再次被利用，应该按照合适的方法对其进行整理，记录为能够被检索的状态。"

"泽元先生，您的理解真是太完美了。"

"稻田先生，我可以说一下自己的感想吗？"田口专务再次开口说道，"多点开发需要提出很多备选方案，而其中最终被采用的只有一个。我之前一直在想，那些没有被采用的备选方案岂不是成了无用功吗？为什么一定要用这种会产生大量无用功的方法呢？现在我明白了，那些没有被采用的备选方案也并没有完全浪费。只要知识可以再被利用，那么这些备选方案就可以被应用到以后的开发之中。这样一来，今后的开发都会变得更有效率。"

"正如田口专务所说，知识创造和再利用就是精益产品开发的精髓。但也有一些需要注意的地方。首先是在制作样品的时候，尽量选择低成本的方法。比如，能通过计算机进行模拟的就尽量不制作实物样品。在制作样品的时候只要把关键的部分

---

① 数码模型：不制作实物模型，而是利用电脑制作虚拟模型，使其能够实现与实物相同的操作。

做出来就行，不用做得太精细。这样就可以用更低的成本和更高的效率对备选方案进行分析和评价。"稻田继续说道，"看到大家对多点开发的概念都有准确的理解我就放心了。多点开发是精益产品开发中最重要的部分。也正因为如此，要实现起来并不容易。从海外导入精益产品开发的企业案例来看，有不少企业尽管活动坚持了好几年，但却一直没能进入多点开发阶段。当然，也有一些企业进展得非常顺利，取得了巨大的成果。所以只要我们努力，应该也能够取得成功。田口专务，您还有其他的问题吗？"

"其实，一直以来，我们公司在开发的过程中经常出现进入后半段时遇到问题，结果不得不返工重新设计的情况。这会导致产生许多的无用功。但听了稻田先生的讲座，又看了您发给我们的案例集之后，我发现多点开发的方法能够极大地降低开发过程中出现返工的可能性。而且听了您刚才的解释之后，我也理解了没有被采用的备选方案可以作为知识积累下来。但是，对于为什么要同时分析多个备选方案这一点我还是有点不太明白。我的直觉告诉我，集中在一个方案上进行设计更有效率。当然我不是对您的观点提出反对意见，只是想了解得更清楚一些。"

"很多人反对多点开发的理由，正是田口专务您刚刚提到的直觉。贵公司和典型的欧美企业一样，采用的都是制订计划之后立刻决定一个解决方案并加以实施的做法。这种做法乍看起来很有效率，但实际上却正好相反。"

"是这样吗？可我还是没办法理解。"

"正所谓欲速则不达。让我们以丰田为例。丰田进行PDCA循环的时候，在P的环节上花费的时间最多，都是花在找出最根本的原因以及从多个解决问题的备选方案中选出最佳方案上。"

"所以呢，原因是什么？"

田口开始显得有些急躁了。坦白地说，田口对导入多点开发并不情愿。一旦这个新的开发方法失败，那么她之前苦心经营的一切都将毁于一旦，这是她绝对难以接受的。这种顾虑一直被田口隐藏在心底。稻田虽然也知道田口的想法，但却丝毫不为所动。

"在计划阶段多花些时间，就能够找出真正的解决办法。这样一来，就不必再为同样的问题而烦恼了。"

"或许吧。"

"反之，如果在计划阶段草草地得出结论，那想出的办法很可能治标不治本，结果没有找出最根本的原因，导致同样的问题再次出现。"

"听您这样一说我终于明白了。"田口似乎终于放下心来。

"我能提个问题吗？"控制系统设计负责人神保举起手问道。

"从多个备选方案之中缩小选择范围并最终选出一个的方法我已经理解了，但具体实行的时候，究竟由谁以怎样的基准来删除备选方案呢？这部分我还是有点不太明白。"

"你这个问题问得很好。其实在进行多点开发的时候，需要定期地召集各个副系统的人员举办一个类似于全体大会的活动，叫作'整合活动'。"

"副系统指的是什么，比如饭团制造机的话，饭团机构、填充机构、卷海苔机构等各个下属系统就属于副系统吗？"

"是的。将所有副系统的人员都聚集到一起，通过整合活动来剔除备选方案。除了副系统的人员，销售、市场、生产技术和制造部门的代表也要出席这个活动，这样才能够从多个角度进行分析。"

"具体应该如何分析呢？"神保继续追问道。

"发言者需要准备'取舍曲线'①的图示。"

"取舍曲线？就是小型化就必须牺牲一部分功能，或者要实现这种功能就必须放弃另外一种功能，类似于二律背反这样的吗？"神保问道。

"是的。使用结实的材料成本就会提高、零件数越多故障率越高这些也属于取舍曲线。"

---

① 取舍曲线：表示多个设计参数之间关系的图示。

"您说的没错。对于开发者来说，当然希望尽可能选择结实的材料，但有时候因为这样做会大幅增加成本，所以最终不得不放弃。"

"这种类型的矛盾关系，大多都可以用曲线表示出来。也就是说，发言者会事先制作一张图示，在这张图示上用取舍曲线表示出材料的强度与抗震能力等多个设计参数①之间的关系。其他人就参考取舍曲线对备选方案进行分析，比如销售和市场部门的人会从顾客的立场出发进行分析，而生产技术部门的人会从制作工艺的角度来进行分析，制造部门的人则会从生产的难易度与可行性的角度来进行分析，存在问题的备选方案就会被否决。另外，导入主工程师制度②的企业则由主工程师来负责这项工作。"

"这种做法可靠吗？"神保又问道。

"要想让这项活动充分地发挥作用，关键在于前期准备。因为整合活动的日程是早就定好的，所以各个副系统开发的负责人可以根据预定的日程提前安排好学习计划——也就是说，事先想好要制作哪些种类的取舍曲线，做好充足的准备。这样大家对备选方案的分析就可以做到有据有理，分析的结果自然十

---

① 设计参数：硬度、强度等在进行设计的时候必须考虑和决定的数值。
② 主工程师制度：对产品开发项目的最终结果承担责任的总负责人。

分可靠了。"

"完全明白了。这个方法确实很合理。"

接着又进行了三十分钟的问答和讨论，最后田口总结道："我看该讨论的问题差不多都讨论完了。大家对多点开发的疑问，稻田先生也都做出了相应的回答。非常感谢，稻田先生。虽然您说多点开发实践起来并非易事，但毕竟也有不少企业取得了成功，既然如此，那我们公司也没理由失败。让我们开始实行多点开发吧。社长那边由我来进行报告。"

事情就这样确定下来了。村坂工业终于迈出了坚实的一步。田口的开发部门都抱着绝不退缩的决心准备迎接多点开发的正式导入。

示范项目开始之时

8月下旬 开发中心 开发革新项目办公室

今年的夏天非常热，项目办公室窗外的阳光火辣辣地洒在地面上，到处都是一片闷热的景象。今天是多点开发示范项目"新型饭团制造机开发项目"的启动会议。其实村坂工业在几年前就启动过这个项目，但却因为开发失败而中止了。现在借着开发革新活动的东风又再次将其启动。

会议室内除了稻田和田口专务，还有开发革新推进部的成员以及新选拔出来的示范项目组成员。会议首先由生产革新推进室室长泽元讲话。

"大家好，开发革新最关键的部分——多点开发的示范项目终于启动了。今天，对我们进行多点开发指导的稻田先生也出席了这次启动会议。我们在 4 月份的时候进行了 LAMDA 和 A3 报告书的培训，6 月份开始又进行了多点开发设计的培训。如今 LAMDA 和 A3 报告书已经被导入整个开发部门，接下来就要尝试导入多点开发。因为这是全公司都很关注的项目，所以我们会全方位地提供支持。示范项目项目组以及开发革新推进部的诸位，希望你们也能够竭尽全力。接下来有请田口专务为大家讲几句话。"

"最近天气真是热呢，但我们的工作热情要比这天气更热。坦白地说，当我第一次听到社长要在两年内将开发生产率提高到原来的两倍、开发周期缩短一半的时候，我心里是很没底的。因为我根本不知道要怎样才能够实现这一目标。但是，多亏了稻田先生和大家的努力，我们终于走到了今天这一步。我们即将进入精益产品开发中最难但同时也是最见成效的多点开发阶段。"田口注视着参加者的表情继续说道，"一开始我还烦恼，究竟应该选择哪个开发项目作为多点开发的示范项目呢？最终，我选择了这个新型饭团制造机开发项目。"

听了田口的发言，会场里响起一阵掌声。开发项目终于进入了具体的实行阶段。

"我选择饭团制造机开发项目的理由有两个。如果大家最近去过中国和东南亚就会发现，在这些地方的城市之中，罗森与7-11等日本的连锁便利店到处都是。而最近便利店里开始销售饭团这件事想必大家也都知道了吧。请看——"

说着，田口将日本国内与亚洲地区的饭团销售一览表在屏幕上演示出来。

"虽然国内市场的需求已经趋于饱和，但亚洲地区的需求却呈现出爆发性增长的势头。就像过去方便面席卷了亚洲乃至整个世界市场一样，如今，饭团也正在亚洲其他地区普及。对于我们公司来说，绝对不应该错过向这些新兴市场投放战略产品的机会。"

会议室里的所有人都赞同地点了点头。因为如果继续这样下去，中国当地的企业生产出同类型的产品就只是时间问题，未来被中国企业夺走市场份额几乎是可以预见的。对于这种情况，村坂工业的员工们大多都很担忧和不安。

田口选择新型饭团制造机作为示范项目还有另一个原因。那就是为之前被迫中止的饭团制造机项目"雪耻"。为什么之前的项目被迫中止了呢？之前的那款饭团制造机拥有多样化的功能和极高的生产效率，可以说是一个很有野心的产品。但是，却在意想不到的地方存在严重的缺陷。结果正是这个缺陷导致其在开发的最终阶段——试量产的实地测试阶段出现了巨大的问题。

这个问题就是异物混入。而且这个异物还不是针和碎玻璃等犯罪性异物，混在饭团里的异物是一种很恶心的虫子——苍蝇。

当时开发的饭团制造机不仅性能强大，还有一个最大的优势就是价格低廉。以前的产品为了防止饭团制造过程中混入异物，都带有一个密封的罩子，但这款产品为了削减成本，将这个密封罩去掉了一部分。当然，一般情况下食品生产企业都有严格的卫生管理，室内不可能有苍蝇之类的昆虫，所以就算去掉一部分的密封罩也不会出现问题。

但偏巧看中这款产品的客户很多，甚至有一些之前从未合作过的客户都订购了样机。受此影响，这款产品的实地测试就选在了一个建在乡间乳制品产地的工厂里进行。这家工厂的员工都没有接受过严格的生产培训，工作态度也不认真。

因为夏天天气太热，员工们就开着窗进行工作。结果苍蝇和蚊子之类的昆虫都从外面飞了进来。由于这款产品没有像之前的产品那样完全密封，结果导致每天都会有一两只小飞虫混进饭团之中。

开发部门在发现这一问题之后立即想要对设计进行变更，但却为时已晚。因为这款产品从一开始就是按照不完全密封的规格进行设计的。如果想改成完全密封的形式，就必须对所有部件都重新进行设计。而这样巨大的改动将会极大地增加这款产品的成本，所以最后只能被迫放弃开发。

"现在回想起来，在开发那款产品的时候，应该事先再想几个不更改密封罩，通过其他方法来削减成本的方案进行分析。或者设计一个就算去掉密封罩也不会混入异物的部件……但现在说这些都已经晚了，当时我们想的不够周到。"

田口认为，如果当时就导入多点开发，那个项目就不会落得被迫中止的悲惨结局。

"我之所以选择之前失败过的项目，就是为了牢记失败的教训，并且从中吸取经验。开发项目组和开发革新推进部的诸位，这个项目关系到公司未来的发展，请牢记这一点。我要说的就这么多。"

田口鞠了一躬，其他人都鼓掌致谢。

饭团制造机被正式确定为示范项目。这一次，开发部门能够不重蹈覆辙，取得成功吗？后藤被选为示范项目的总负责人。因为作为开发人员他不但拥有丰富的经验，同时也是如今村坂工业对多点开发理解最深的人。后藤的发言结束后，会议室内再次响起热烈的掌声。

最后，田口半开玩笑半认真地说道："我特地为大家在公司里准备了寝室。请不要客气，随时都可以使用。"

目标是在中国上海食品加工设备展示会参展

8 月下旬 开发中心 示范项目办公室

第二天，开发中心内的一间会议室被分配给示范项目项目组作为办公室使用。在这个办公室里摆满了项目组成员的办公桌，正中间是一个很大的会议桌，墙上则贴着可视化管理板。今天，负责开发的主要成员以及相关人员全都聚集在这里，对开发的时间表进行讨论。首先发言的是项目总负责人后藤。

"那么，这次的饭团制造机开发分为饭团机构、填充机构、卷海苔机构、包装机构、控制系统以及基础设备这六个副系统。每个副系统安排 3-5 名开发人员。"

参会者都配合地点了点头。

"首先，我们先讨论一下总体的日程安排。开发周期是从现在开始到明年 5 月份，共八个月。因为明年 5 月在中国上海有一个很大规模的食品加工设备展示会。要想进军中国市场，这次展示会是最佳时机。其实一直以来，这种规模的产品开发周期都是 8-9 个月，不过，能够按照预定时间完成开发的几乎没有。实际情况是都需要 12-18 个月不等。这究竟是为什么呢？"

后藤向参会者们望去，但大家都低下了头。这也难怪，几乎所有的开发负责人都有过无法按时完成开发任务的经历，谁也不愿意提起自己的失败。但也正因为如此，在这次的开发项目中才不能掉以轻心，毕竟这次的示范项目必须实现将开发周期缩短一半的目标。

后藤继续说道："我认为导致无法按时完成开发任务的主要原因就是开发出现返工。这次之所以仍然按照之前的开发周期，是因为考虑到我们第一次导入多点开发的方法，所以要预留出更多的时间。不过，因为在导入多点开发之后，几乎不会出现返工的问题，所以我相信我们一定能够按时完成开发任务。毕竟虽然同样都是八个月，但这期间的工作方法可是和之前的开发完全不一样。"

图示 1　开发总体日程

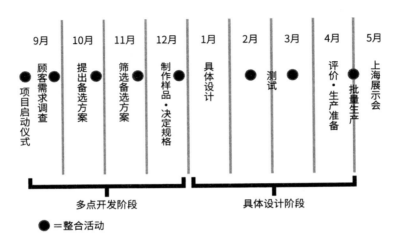

"虽说是完全不一样，但到底哪里不一样我还是不太明白。"控制系统设计负责人神保毫不客气地说道。

后藤则缓慢而坚定地答道："最大的不同在于最开始的几个月。过去我们都是迅速决定规格，然后就开始制作设计图，但这次我们一张设计图也不做。取而代之的，是我们要专心进行获取知识的活动。在获取知识期间我们首先应该做的是更加深入地了解顾客的需求，其次是明确主要的技术指标，最后找出解决办法。在这一阶段，为了增加知识储备，我们需要制作试验设备和收集数据，还要制作大量的取舍曲线。"

后藤一边观察参加者们的反应一边继续说道："随后，我们就要利用这些知识来制作测试机。当然，不是制作最终产品的测试机，而是为了将想法进行验证的测试机。当所有的想法都验证完毕之后才进入具体设计阶段。多点开发其实也可以说是经过大量的尝试之后再开始进行设计，或者经过大量学习之后再开始进行设计。"

"可是，后藤先生，如果项目开始的几个月都没有拿出一张设计图纸，公司的干部们恐怕会不放心吧？这真的没有问题吗？"神保有些担心地问道。

"没问题，因为田口专务以下的干部都对这种开发方法有所了解了。需要考虑的问题是，究竟应该安排多少时间用来获取知识，这个只要根据批量生产开始的时间逆推一下就好。所以，第一次整合活动就安排在一个月之后的 9 月末吧。届时，开发者需要完成对顾客需求的调查，决定产品的基本要素。在随后的多点开发阶段还会再进行三次整合活动。"后藤指着稻田写在白板上的开发总体日程说道。

通过"现地现物"发现顾客价值

9 月中旬 中国上海市内的食品生产企业 饭团生产线

因为稻田说开发者需要用自己的眼睛去发现和确认顾客究

竟都有哪些需求，所以项目总负责人后藤就组建了一个由开发者和销售负责人组成的考察团队，前往日本国内以及中国的食品加工企业的饭团制造生产线进行考察。西川担任考察团中的开发者代表。

中国区销售负责人国本带领考察团前往位于上海郊外的一家专门为日系便利店供应便当和饭团的工厂参观。在这里，西川第一次亲眼看到自己公司的饭团制造机在生产现场实际运转的场面。西川与国本向工厂厂长和饭团生产线负责人进行了非常详细的询问。

导致设备停止运转的最常见的原因是什么？日常维护上最麻烦的事情是什么？电力供应是否稳定？交流电源的电压浮动情况如何？有没有对特大号饭团的需求？

西川与国本接二连三地提出问题，现在是亲耳听到顾客声音的绝佳机会，当然不能轻易放过。他们甚至恨不得从对方嘴里挖出所有的信息，然后都应用到开发之中。西川假设自己是这里的厂长，思考怎样生产饭团才能够将工厂的利益最大化。于是他从这个角度出发又提出了许多问题。

时间不知不觉已经过了下午五点，就连工厂厂长的脸上都浮现出无奈的表情，两人不得不就此作罢。对西川来说，他在今天获得的关于顾客需求的信息，比他在过去几年之中获得的还要多。明天他们将继续前往北京，对位于北京市内的工厂进行考察。

找出能够顺利实施的备选方案的方法

10 月下旬 开发中心 示范项目办公室

饭团制造机开发项目被细分为饭团机构、卷海苔机栈等六个副系统，这些副系统的负责人会定期聚集在一起进行整合活动。第一次整合活动于 9 月末举行，主题是"理解市场需求"。大家都将自己对顾客需求的调查结果制作成 A3 报告书，然后在活动上进行发言。

顾客究竟想要什么——是在短时间内生产大量饭团？是能够改变进料口尺寸以及饭团硬度的多功能设备？还是不容易出现故障的坚固设备？

机械设计负责人西川根据自己在中国的见闻发言道："日本的企业对饭团制造机的需求大多集中在功能的多样化以及工作效率上，但中国的企业却几乎用不到饭团制造机的附加功能。"

"真的吗？我们为了增加那些功能可是费了好大一番功夫呢——看来今后要想把产品卖到新兴国家市场，还真的不能将日本市场的产品原封不动地拿过去，必须在详细了解当地情况的基础上，生产适合当地需求的产品才行。最近，中国的企业

第 4 章 ⊙ 开发流程革新　**67**

竞争力越来越强，如果不采取行动恐怕很难在与他们的竞争中取胜。"后藤感慨地说道。

西川对后藤的话深以为然地点了点头，然后将自己在中国的调查结果简洁地进行了总结报告。根据调查结果，产品的基本要素以及方向性有以下三点：

①价格：制造速度保持现状即可，但价格必须降低一半甚至六成。可以通过削减附加功能来降低成本。

②维修保养：因为海外的维修服务网络尚不完善，所以让产品不容易出现故障，以及就算出现故障也能够由用户自己进行维修和更换零件尤为重要。出于卫生安全的考虑，食品生产设备必须定期进行清洁，因此在设计产品的时候，应该考虑到即便在操作者不熟练的情况下也能够对设备进行彻底的清洁。

③专门针对中国市场的功能：客户提出增加填充机构所能够对应材料种类的要求。日本一般只填充梅子、咸鳕鱼子、马哈鱼等材料，而中国客户希望还能够添加麻婆豆腐、青椒肉丝等中华料理。在设计时需要将客户的这一需求考虑进去。

第一次整合活动顺利结束之后，今天又迎来了第二次整合活动的举办。在这次活动中，村坂工业将第一次进行多点开发中的备选方案的分析与筛选。因为没有先例可循，所以大家都不知道活动是否能够顺利进行。

首先发言的是饭团机构负责人饭田稔，他说道："大家好，我是饭田。饭团机构是饭团制造机的核心组成部分。因为这个机构使用了我们公司的专利技术，所以我们的设备生产出来的饭团比其他饭团口感更好，平衡感也更高。"

后藤补充道："但是这个机构非常复杂，成本很高而且很容易出现故障。"

"是的。这是成本最高的部分，我制作了一个饭团部分叶片数量与饭团口感的取舍曲线。叶片数量越少，消费者对口感的评价就越差。所以我们公司面向日本市场的产品都是叶片数量较多的。但是这次的开发要面向中国和其他亚洲市场，我邀请来日本出差的几名中国员工对饭团进行了试吃。他们认为叶片数量较少的产品生产出来的饭团口感并没有太大的变化。"

"也就是说，中国人和日本人的取舍曲线不一样？"后藤问道。

"对，不一样。中国人对口感的要求不像日本人那么挑剔。"饭田似乎也对自己团队的发现感到非常兴奋，又继续说道，"只要减少叶片的数量，不但可以大幅降低成本，还可以降低出现故障的概率，可以说是一举两得。所以我建议将叶片数量从现在的七片减少到三片，这样能够降低一半的成本。"

后藤向众人望去，问道："诸位对这个问题有什么看法？生产技术的加藤先生你怎么看？"

"减少叶片数量确实能够降低成本，还可以缓解产能不足的问题。不过，由于叶片的曲面形状比较复杂，或许加工难度比较高。但我觉得，如果能够将曲面边缘部分的公差放宽到 ±0.5 毫米，应该就没问题了，关于这一点还请大家讨论一下。"

"接下来请填充机构负责人具志坚先生进行说明。"

被后藤点到名字的具志坚站了起来，说道："填充机构对饭团生产企业来说是差异化的关键。能够填充多少种类的材料以及今后是否能够顺利追加填充新材料，这都是填充机构面对的课题。而在增加填充材料种类的同时控制成本是最困难的部分。我们团队除了传统的机械式冲压填充方式，还考虑了线性电动机式填充方式和空压式填充方式。"

"也就是说这次要讨论三个备选方案是吧？"后藤问道。

"是的。我们分别制作了三个样品，进行了多种材料的填充试验。注入材料的喷管设计成了可以一键切换的形式，结果发现线性电动机式充填机能够对应的材料种类最多。"

"为什么？"

"随着线性电动机的普及，其价格也大幅下降，批量采购的话更是可以将成本降低到传统机械式的一半左右。另外，线性电动机可以在填充过程中通过软件来控制压力和速度，这也是其能够对应的材料种类最多的原因。"

"之前你们只是凭直觉选择了线性电动机式，但这次通过多方面的分析发现其确实是最佳选择是吧？"后藤确认道。

"正是如此。"

"那么，如果需要添加新材料的时候怎么办？因为我们的目标是中国市场。或许他们会用我们完全想象不到的材料进行生产。"

"关于这一点我们也考虑到了，这次可以通过网络下载我们开发的控制程序。当有新材料出现时，我们会对新材料进行试验并开发出最合适的控制程序。客户可以直接从网上下载控制程序并自行安装，就不用我们特意跑到中国去了。"

"大家对具志坚君的发言有什么意见吗？"后藤再次向众人问道。

中国区销售负责人国本开口说道："能够直接从网上下载控制程序可真是太好了。网络功能原本只是用来进行远程故障诊断和准备替换零件。但对饭团生产企业来说，必须持续增加饭团种类才能在竞争中生存下来，所以这种功能对顾客来说肯定很有吸引力，这也将成为我们的产品在与其他企业的产品进行竞争时的强大武器。另外，我有一个提案。"

"是什么？"具志坚问道。

"在中国的销售部门里成立一个饭团新材料开发部门，这个部门专门开发新材料，通过网络将配方发给使用我们产品的顾客。而日本这边则同时开发填充相应材料的软件并且有偿提供给顾客，这样还可以增加一份收入。如果顾客自己开发出了新的填充材料，我们也负责开发相应的填充软件且有偿提供。"

随后，控制系统与基础设备等副系统也相继进行了发言和讨论。各个副系统的成员除了对自己提出的备选方案进行了分析与筛选，还了解了其他副系统的问题与状况。由于各个副系统团队都基于多点开发的方法进行思考和分析，所以这就保证了开发团队有很高的概率找出最佳设计方案。

最后由稻田进行总结："非常感谢诸位今天的发言。大家对多点开发的理解比我预想中的更加深入，而且严格地应用于开发之中。饭田先生的团队制作了改变叶片数量与饭团口感的取舍曲线，还发现了日本人与中国人在口感要求上的区别，提出了非常可靠的削减成本方案。具志坚先生的团队考虑到今后填充材料的增加趋势，在多个备选方案中选出了能够通过软件进行控制的线性电动机，这样不但降低了成本，还大幅提高了顾客价值。下次整合活动将在 11 月下旬进行。接下来的这段时间，大家就根据今天决定下来的内容将设计进一步具体化吧。"

「测试机能成功吗？令人紧张的批评会

12 月下旬 开发中心 第二实验室」

　　终于到了年末，村坂工业也迎来了第四次整合活动。这也宣告着多点开发进入最终阶段。

　　今天的整合活动同时也是测试机制作部门连夜赶工终于制作完成的测试机的批评会。吉野、田口两位干部以及村坂社长都出席了这次批评会。最紧张的当属田口专务了。如果产品的完成度太低，那么开发者们肯定会遭到毫不留情的批评。

　　因为闲杂物品都被事先搬出去了，所以在空荡荡的实验室正中间只摆着一台饭团制造机的测试机。这台测试机长 3 米、宽 1 米、高 1.5 米。因为测试机主要是对各个副系统的想法进行实际验证，所以可能与最终的批量产品不同。示范项目组成员，生产技术、制造、销售的负责人以及吉野专务、田口专务还有村坂社长都穿着工作服站在测试机周围。除此之外还有一个陌生的面孔，怎么看都不像是公司内部的人。

　　项目总负责人后藤首先对之前的工作进行汇报："今天我们将对测试机进行试运转，希望能够得到大家的宝贵意见。另外，今天还有一位特别的来宾，那就是我们的大客户永和食品中国工厂的厂长前田先生。因为这是尚处于开发阶段的产品，前田先生很爽快地和我们签订了保密协议。在进入具体设计之前能够听到顾客的意见，相信对具体设计会有很大的帮助。"

紧接着后藤对各副系统的负责人如何提出备选方案以及如何筛选出最终方案等进行了说明，又对目标成本的达成度和目标功能与性能的达成度都进行了说明。

后藤给测试机接上电源后按下开关，测试机的电源指示灯亮起并发出运转的声音。随后，西川按下开始按钮，测试机顺利地开始运转。一个、两个……饭团很快制作完毕，并且被分别送到永和食品的前田厂长和村坂社长手中。就连平时从没夸奖过别人的田口专务都露出了自豪且满足的表情。

测试机之所以能够像这样顺利运转，都是多亏开发部门采用了多点开发的方法，在开发初期阶段就对多个备选方案进行分析，并通过取舍曲线获得了客观的数据。

生产技术以及制造相关人员都对测试机的各个细节部分提出了意见，这些意见都被当场记录下来，然后分派给相应的负责人。

当天最活跃的人就是永和食品的前田厂长。前田在食品加工行业工作了二十五年，对饭团制造机有十年以上的使用经验，并且使用过许多品种。前田对这台测试机表现出浓厚的兴趣，提出了许多问题。

随着测试机的不断运转，更多的问题被提了出来，比如

"米饭的投入位置过高""饭团的握压力度最好能够进行微调""操作面板太复杂,尽量削减操作步骤""开发可以在线对多台饭团制造机的工作情况进行监视的软件"等。

后藤再一次切实地感受到,像这样能够直接听取顾客意见的机会究竟有多么宝贵。稻田在活动的最后进行了总结,产品开发不但要开发出具有竞争力的产品,同时还要创造知识,在开发过程中创造出来的大量知识都应该通过 A3 报告书总结出来,便于在将来的开发项目中继续使用。这才是这个项目最重要的成果。

年末的整合活动结束之后,多点开发阶段也宣告结束,明年开始将进入具体设计阶段。在下一阶段中,只需要将基于测试机获取的关于制造和生产技术的意见,反馈到量产设计图中即可。制作设计图用了六周时间,制作样品又用了六周时间,全都顺利完成。

现在就只剩下去上海参展了。

第 ⑤ 章　胜利的美酒

上海展示会——"审判日"

第二年 5 月上旬 上海 会展中心

上海食品加工设备展示会就在日本的 5 月黄金周结束之后举办。村坂工业在接近会场中心的位置租了一个面积很大的展位，展示包括新型饭团制作机在内的五款战略产品。

其中最引人瞩目的就是饭团制造机。这台机器当着参观者的面，生产出麻婆豆腐饭团和青椒肉丝饭团等利用新奇的材料制作的饭团，还有漂亮的导购将生产出来的饭团分发给参观者。大家纷纷拿起饭团品尝，然后发出"味道不错""从没吃过用这种材料制作的饭团"之类的感想。

这台样品机不但吸引了许多食品生产企业的采购员，就连其他食品加工设备生产企业的销售和技术人员也来刺探情报，想找出这台设备的奥秘。热情的参观者里三层外三层地将这台设备团团围住。这一切都被村坂社长和稻田看在眼里。

村坂开口说道："这次饭团制造机的开发，与其他四款产品相比真是太顺利了。不仅功能、性能、成本全部达到了预期目标，甚至还增加了当初没有预计到的功能，堪称是我们公司自成立以来从开发到量产进展最顺利的产品。至于其他的产品其实还没到批量生产阶段，也没能达到成本目标。稻田先生，真是非常感谢您。"

"哪里，我只是一个为贵公司提供了一些信息的外人，实际进行工作的都是贵公司的员工。不过，这次活动的效果今后就会显现出来。首先可以将所有的开发项目都划到产品开发革新的旗下，全面推行精益产品开发。另外，随着可重复利用的知识的不断积累，让所有的开发部门都认识到知识创造和积累的重要性，那么开发的生产率不但能够达到社长最初提出的'两年两倍'的目标，甚至可能达到两年四倍，革新的数量也将成倍增长。"

什么是主工程师制度

8 月下旬 东京·六本木 意大利餐厅

时隔一年半，后藤再次与稻田相约在意大利餐厅。去年 3 月，就是在这家餐厅，两人决定将精益产品开发导入开发革新。

后来，稻田与后藤每周都在村坂工业的开发部门见面。

不过，最近这几个月，稻田去村坂工业的次数明显减少了，只有每个月一次。因为正如稻田预计的那样，后藤和泽元等生产革新室的上司们已经完全能够承担起开发革新活动的主导责任。特别是后藤，稻田感觉他通过这次活动得到了非常大的成长。原本就拥有丰富的产品开发经验的后藤，在多点开发设计阶段穿梭于各个副系统团队，从多点开发设计的方法到取舍曲线的制作方法都悉心地进行指导。

后藤来到餐厅的时候，稻田和上次一样早已恭候多时。

"你来得真早啊。最近怎么样？"后藤问道。

"托你们的福，日本现在对精益产品开发的关注度也越来越高了，我甚至不得不推掉许多工作呢。不过，村坂工业只要有你在，就算我不去指导也不用担心了。"

"别这么说，你还是要来嘛。而且我们也还没有将精益产品开发的所有要素都导入进来呢。我记得还有主工程师制度来着？"

"关于主工程师制度我确实在最开始的时候提到过，但一直没有正式向村坂工业进行提案。这个制度需要大量时间对人才进行培养，不是短时间就能够实现的。不过，你们公司现在差不多可以导入主工程师制度了。"

二人叫服务生开始点菜，稻田点了牛肉炖土豆，后藤点了炸牛肉饼，两人又点了一瓶意大利红酒。

"对了，稻田，主工程师到底是个什么职位？"

"简单说，就是对所有产品负责的总负责人。沃德博士将主工程师称为'创业型系统设计师'。也就是说，主工程师需要有创业者的经营敏感和掌控整个系统的能力，是非常稀缺的人才。主工程师是项目经理，是理解顾客需求的顾客代言人，要对盈亏负责，主导取舍曲线并最终达成一致，提出产品目标，对从零件生产商到零售商的全供应链流程进行整体设计。"

"天啊，你在说超人吗？"后藤笑着调侃道。

"差不多吧。在丰田，尽管主工程师是管理几百人的汽车开发项目的总负责人，但真正归他管辖的企划负责人其实很少，绝大多数项目组成员都有各自的上司。所以丰田的主工程师并不是靠自己的权限和地位来命令别人，而是凭借自己的个人魅力和说服力来让他人为自己工作。这一点与美国汽车企业的项目经理完全不同。美国的项目经理只是没什么权限的管理者罢了。汽车的款式以及规格、定价都由市场部门决定，项目经理甚至连对引擎、车身、底盘、电子产品等各副系统之间的对立进行调整的权限都没有。"

"这我还是第一次听说。"

"不过，美国偶尔也会出现非常有能力的项目经理，这样的人就像是丰田的主工程师一样。福特在 1986 年推出的第一代金牛座就因为独特的流线型设计而大受好评，瞬间成为美国最畅销的汽车。这台车的项目经理就拥有和丰田的主工程师相当的能力，通过横向型团队、与零件生产商协同作业、并行工程 [①] 等方法，开发出了非常具有竞争力的汽车。"

"我想起来了。确实，那款车在当时采用了非常新颖的车身造型。"

"是的。不过，这个方案最初可是遭到强烈反对，市场部门认为普通消费者绝对不会接受这种车身造型。但那位项目经理却力排众议坚持采用了这个设计，结果是大获成功。"

"但是后来的第二代金牛座就没有令人眼前一亮的设计了。"

"对啊。被选为第二代金牛座项目经理的人好像没什么能力，结果导致各部门之间的合作不够紧密。丰田的干部们在对第二代金牛座进行分解之后一眼就看出这款车的主工程师能力不足——尽管每个零件都做得很好，但却缺乏整体感。第二代金牛座的各个副系统都做得非常完美，但似乎并没有被作为一个整体组合起来。"

"为什么美国的汽车企业培养不出像丰田那样的主工程师呢？美国不是有很多创业型人才吗？像史蒂夫·乔布斯、比尔·盖茨之类的。"

---

① 并行工程：同时进行产品设计与生产系统设计的开发方法。能够让生产和设计都变得更加简单。

"话虽这样说，但美国的大型企业比日本的大型企业更加官僚主义，而且体制陈腐。沃德博士认为，美国之所以难以出现创业型系统设计师，就是因为在充满官僚主义的公司之中没有敢于提出不同意见的人，大家都争相拍上司的马屁，严格按照规定来进行工作。尽管越大的企业越需要官僚体制，但创业型系统设计师难以在这样的企业环境之中生存。他们追求的目标只有生产出更好的产品，对于升官发财毫无兴趣。所以经常和周围的人发生摩擦。"

"原来如此。其实我们公司也有这样的人才，但却经常遭到打压，有能力的人没有发挥才能的舞台，这确实是个问题。我自己就是这种人。我一旦开始进行产品开发，就必须要做得彻底，结果经常和其他部门的人发生争执。尽管这样做让我吃了不少苦头，但也取得了不少成绩，所以我才能走到今天这一步。"

"是吗？那你们公司导入主工程师制度的时候，不如首先就由你来挑战一下主工程师这个位置吧。这样的话我去村坂工业的次数就变为每周一次。明天我就和田口专务见面说说这件事。"

"等一下，不要擅自做主让我当主工程师，我还没搞清楚这职位到底好不好呢。"

"在丰田，主工程师的待遇相当于部长甚至干部。虽然几乎没有直接的权限，但主工程师在丰田备受尊敬，丰田也将其作为自己的一种企业文化。所以对开发者来说，主工程师是非常令人憧憬的职位。如果你的公司也能培养出这种企业文化，那就能够让你满意了吧？你究竟只是为了升官发财呢，还是想要通过开发项目给这个世界带来更加优秀的产品呢？你的选择是什么？"

"当然是后者了。升官发财差不多就行了，但我希望能够尽情地开发自己喜欢的产品。这样的工作我想做一辈子。"

"既然你这样想，那明天我就和田口专务谈谈吧。"

10月1日，村坂工业第一位主工程师诞生了——后藤主工程师——新型高性能商用烤面包机系统的总负责人。

走在日本产品开发革新最前端的村坂工业的未来似乎一片光明。

第 II 部分　如何实际推进开发革新

第 ⑥ 章　为什么现在需要开发革新

生产革新的思考方法如今已经渗透到服务业

丰田生产方式不仅适用于制造业，最近在海外甚至已经普及到医疗机构、银行、行政机关等服务行业。为什么 TPS 能够在全世界如此广泛的行业之中得到普及呢？答案很简单，因为 TPS 强化了企业的竞争力。

TPS 最早由丰田的原副社长大野耐一提出，并且于 20 世纪 40 年代末开始实行。到了 20 世纪 70 年代，TPS 就已经进化得十分完善，并且直至今日仍在不断地进化之中。在任何人看来，日本都拥有世界范围内名列前茅的生产系统。因为丰田积极地将 TPS 推广到与之相关的合作企业之中，所以 TPS 首先在日本的汽车产业中得到了普及。另外，曾经在丰田主导 TPS 实行的一部分人才在离开丰田之后成为管理顾问，又将 TPS 这一方法传播到了全世界的各个产业之中。

海外最早关注 TPS 的是汽车行业。GM 重新启动自己在加利福尼亚的一家已经关闭了的工厂，与丰田成立了一家名为NUMMI 的合资公司，然后派遣了很多年轻有为的员工直接向丰田学习 TPS。福特汽车也通过当时的合作企业马自达学习了 TFS。

后来，丰田在肯塔基州建立了工厂，又在美国各地开设了汽车组装工厂，开始向美国工厂的员工传授 TPS。一部分掌握了 TPS 的人才在离开丰田之后或者进入美国其他的生产企业，或者成为管理顾问，因此 TPS 以"精益生产"的概念迅速在美国得到了普及。精益生产也以同样的方式在亚洲、欧洲以及澳大利亚等世界各地区及各国展开。

20 世纪 80 年代以后，不只汽车产业，日本的许多产业都开始进行生产革新活动。导入生产革新的工厂都产生了库存急速减少、工作效率提高、工期缩短等显著的效果。位于工作现场的员工亲自参加改善活动，改变自己的职场环境，企业逐渐形成了深厚的企业文化，员工们的工作积极性也明显提高了。从这个意义来看，生产革新对绝大部分的企业来说都是提高竞争力的关键，是具有战略意义的活动。

尽管 TPS 现在经常被称为"精益生产""生产革新"，但这一活动的重要战略意义一直都没有发生改变。最初精益生产的适用范围以汽车和电子产品等批量产品为中心，后来扩展到生产设备、航空仪器、建筑机械等制造业的几乎全部领域。最近在海外甚至已经扩展到了服务行业之中。

苹果体现出的开发革新的重要性

很多导入生产革新的企业，紧接着都要对产品开发过程进行革新。哈雷戴维森在 20 世纪 80 年代濒临破产，通过导入丰田生产方式起死回生，并且成为摩托车爱好者们心驰神往的著名品牌。

不过在 2004 年，哈雷戴维森发现，如果不能大幅提高开发生产率，企业将不得不进入低速发展路线。于是该企业大胆地导入了当时几乎不为人所知的精益产品开发，在保持原有开发人数的基础上，开发生产率却提高到了之前的六倍（在第三部分将对这一案例进行详细介绍）。不过，像哈雷戴维森这样凭借产品开发革新取得显著成果的企业，在全世界范围内都屈指可数。

为什么在导入了生产革新之后还必须要导入产品开发革新？虽然每个企业的情况都各不相同，但主要的原因可以分为以下三点。

第一个原因就是像哈雷戴维森那样，作为发展战略的一环，必须大幅提高开发生产率。像高级摩托车这样的嗜好品，只要拥有品牌影响力的企业连续不断地推出新产品，那么狂热的粉丝就会连续不断地购买。也就是说，新产品的推出速度直接关系到销售额的增长，所以企业必须提高自身开发的生产率，创建一个高效率的开发体制。

第二个原因是为了进军急速增长的新兴国家市场。如今，不仅大型跨国企业，就连中小型企业都对新兴国家市场垂涎三尺。以金砖国家为首的新兴国家不但拥有庞大的人口数量，市场规模也比发达国家扩展得更快，这里蕴含着巨大的商业机会。

然而，要想占领新兴国家市场，那就必须开发出适合当地市场需求的产品。这就使得生产企业需要开发的产品种类增加，如果只通过增加开发人员的方法来应对，那么不仅会增加企业的运营成本，还会导致开发组织变得庞大而难以管理。因此，通过产品开发革新，让开发部门能够在人员不变的基础上将开发生产率提高到原来的两倍甚至四倍，就成了企业发展战略中的关键。

必须导入开发革新的第三个原因是为了促进产品开发的革新。一般来说，产品种类和销售额是成正比的，但苹果却用完全相反的做法实现了惊人的发展并且获得了极高的利润率。苹果面向全世界市场只推出了一款 iPhone 机型，但却获得了压倒性的支持率，一瞬间就占据了极高的市场份额。与此同时，苹果公司的销售利润率还维持在 30% 的惊人水准。因为包括 iPhone 在内的苹果产品全都具有极高的革新性，而且产品工艺非常简洁。要想提高产品的魅力，革新必不可少，如果能够在产品开发的过程中引发革新，那就能够切实地提高企业的竞争力。

综上所述，已经成功导入生产革新的企业，接下来迫切需要的就是提高产品开发生产率和革新性的方法。而这种方法就是产品开发革新。

为什么之前的开发方法都不行了？

为了应对提高产品开发生产率和缩短开发周期的需求，20世纪90年代有人提出了一个名为阶段目标管理（Phase gate）的科学管理方法，并导入许多企业之中，却出现了许多企业开发效率降低的情况。

为什么阶段目标管理法不好用？导入这一方法的企业严格按照阶段目标管理法，将开发流程非常详细地分为几百个阶段，同时还在开发团队之外单独成立一个项目管理团队。这个团队负责制订详细的开发计划，并对开发团队进行监管，保证开发团队严格按照标准流程进行工作。

除此之外，企业还会定期举办阶段目标检查会，在检查会上对项目的进展情况以及各项指标进行检查与讨论，决定是否要进入下一阶段。有的企业在检查会开始几周前就让所有的开发者都专心制作会议资料，甚至出现开发被迫中止这种本末倒置的情况。

结果，原本用来对开发进行严格管理的阶段目标管理法，反而给开发者增加了许多无谓的负担，导致开发者实际用于开发业务的时间只有20%。而且即便进行了如此严格的审查和管理，但开发还是不能按照计划顺利进行，工期大幅拖延、开发预算超标、目标规格难以达成、品质存在问题等情况都没有得到任何改善。

最终，原本为了提高产品开发效率而导入的科学的管理方法，反而成为导致产品开发生产率低下的元凶，真是让人哭笑不得。

许多通过生产革新取得显著成果的企业，却因为找不到产品开发的革新方法而陷入困境。但丰田却成功地实现了产品开发革新。海外从 20 世纪 90 年代起就对丰田的产品开发方法进行研究并尝试将其体系化，并命名为"精益产品开发"。接下来就让我们回顾一下精益产品开发的发展过程。

陆军退役的研究者发现了精益产品开发

20 世纪 90 年代，一名美国学者在丰田的产品开发方法之中发现了一个之前从未被人注意到的重要特征。这个人就是艾伦·沃德，他在大学毕业之后先进入美国陆军服役，然后进入麻省理工学院（MIT）的人工智能研究所研究机械自动化设计。取得博士学位后，他进入密歇根大学机械学科成为一名助理教授。

正好在那个时候，密歇根大学成立了一个研究日本汽车产业的组织，很多研究者都开始对日本汽车生产企业进行研究。

畅销书《丰田之路》的作者杰弗里·莱克博士就是密歇根大学IE^①学科的教授。沃德博士在麻省理工学院时就设计出了多点开发的机械设计自动化方法，然后充满期待地开始寻找是否有实际采用了这种方法的企业。后来他在一本书中看到日本的汽车生产企业采用了类似的开发方法。

沃德博士与莱克博士说了这件事，两人立刻前往日本进行实地调查。他们访问了日本多家汽车生产企业，并对相应企业的产品开发方法进行了调查，结果发现在日本只有一家企业实际采用了多点开发的方法。那就是丰田。

沃德博士为了对丰田的产品开发做更深层次的研究，派遣莱克教授的学生德沃德·索贝克前往丰田市，在丰田的开发部门参观学习了六个月，对丰田的开发方法进行了非常详细的考察。沃德博士自己也来到日本，对丰田及其合作企业进行考察。

最终，沃德博士发现了之前的研究者们都没有发现的重要因素，成功地分析出丰田与其他企业在设计方法上的根本性区别。沃德博士之所以有此发现，除了因为他本身就是机械设计方法论的专家，还有一个重要原因就是他在博士课程中研究的就是多点开发这一方法。

---

① IE：Industrial Engineering 的缩写，即工业工程。

后来沃德教授辞去密歇根大学的工作，自己成立了一家公司，将在丰田学到的精益产品开发方法应用于自己企业的同时，他还以管理顾问的身份将这一方法推广给其他公司。尽管遭到GM 等大型企业的拒绝，但哈雷戴维森、惠普以及美国德尔福公司 ①都表示出浓厚的兴趣。于是沃德教授就对这些企业进行指导。精益产品开发也逐渐以沃德博士为中心发展起来。

但是，2004 年却发生了一场悲剧。沃德博士在驾驶自己的私人飞机起飞后不久便遭遇雷雨，飞机不幸坠毁，机上人员全部遇难。因为这次事故，之前全凭沃德博士饱满的热情与丰富的经验才逐渐得以推广的精益产品开发顿时陷入停滞的状态。沃德博士关于精益产品开发的知识被整理成一本理论著作，于博士死后的 2007 年在美国出版，名为《Lean Product and Process Development》。

如今刚开始正式普及

沃德博士死后，精益产品开发由他的学生们继续普及和推广。迈克尔·肯尼迪（Michael Kennedy）就是其中之一。曾经

---

① 美国德尔福公司：汽车零部件生产商。

身为 TI①导弹部门开发者的肯尼迪，在一次产品开发共同研究组合的活动中与沃德博士相识，两人一见如故。

肯尼迪从 TI 离职后与沃德博士一起从事管理顾问工作，因此掌握了多点开发的方法，后来他创作了两本入门书籍向世人普及精益产品开发的方法（书名见参考文献）。

如今在美国和欧洲每年都会举办一次关于精益产品开发的成果发布会，精益产品开发正在呈现出扩大推广的势头。当然，与精益生产相比，精益产品开发还只是影响力非常有限的方法，这也是无可争议的事实。

根据 MIT 的调查，2010 年全世界导入精益产品开发的企业只有一百一十家。虽然其他的调查结果显示最多有两百家企业导入了这一方法，但与全世界几万家企业都导入了的精益生产相比，这也是一个几乎可以忽略不计的数字。在吸引企业导入这个问题上，精益产品开发还有很长的路要走。

---

① TI：即德州仪器（Texas Instruments），总部位于美国德克萨斯州的半导体和军工产品生产企业。

第⑦章　精益产品开发的基本思考方法

基本在于四个要素与"LAMDA 循环"

艾伦·沃德博士对丰田的产品开发进行分析后，认为该方法由以下四个基础要素组成。

① 能够实现极高的革新性并且降低风险的多点开发。

② 在开发项目的技术和业务两方面同时承担责任的主工程师制度。

③ 尽量减少工作量变动，让开发者自己制订工作计划，以此确立工作节奏和流程。

④ 自己制订工作计划，在对立中学习，建立能够创造新知识并使其能够重复利用的负责任的专家团队。

图示 2 所示的这些要素，我将在后面的章节中进行详细说明。

在这里我想先为大家介绍一下沃德博士提出的 LAMDA
循环。这是每一位采用精益产品开发的开发者都应该掌握
的基本工作方法之一，LAMDA 由图示 3 左侧所示的要素
组成。

L：Look（观察）/A：Ask（询问）/M：Model（模型化）/
D：Discuss（讨论）/A：Act（行动）

实际上，LAMDA 是对 PDCA 循环的发展和延伸，一个
PDCA 循环相当于两个 LAMDA 循环。在图示 3 右侧的图中，"P"
相当于 LAMDA 最初的四个阶段"L、A、M、D"，"D"则相
当于 LAMDA 最后的"A"。"C"则相当于第二个 LAMDA 最初
的四个阶段"L、A、M、D"，"A"相当于第二个 LAMDA 最
后的"A"。也就是说，PDCA 的"P"（计划）部分可以分解为 L、
A、M、D 四个阶段，而"C"（检查）部分又可以分解为 L、A、
M、D 四个阶段。

图示 2　精益产品开发的四个基础要素

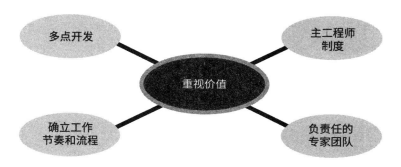

图示 3　LAMDA 和 PDCA 循环的关系

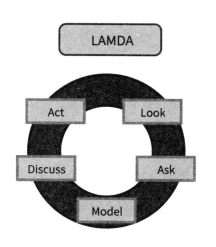

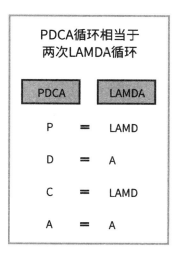

沃德博士发现欧美企业实行 PDCA 的方法与丰田存在着非常大的区别。欧美企业花在"P"上的时间很少，花在"D"上的时间很多，而丰田则将几乎一半的时间都花在"P"上，花在"D"上的时间则很少，剩下的大量时间都用在"C"和"A"上。

　　欧美企业实行 PDCA 的时候，在"P"的阶段并不会仔细地进行讨论与分析，只简单地讨论一下便决定解决方案，然后就将精力都集中在"D"的试行阶段。沃德博士为了让欧美的技术人员也能够像丰田一样实行 PDCA，所以才将"P"和"C"又细分为四个阶段，这样就可以让欧美的技术人员更清楚自己具体应该做些什么。

　　LAMDA 的第一个阶段 Look（观察）就是"现地现物"，也就是自己亲自前往现场，用自己的眼睛来观察实际的产品和样品出现了什么问题。不依赖他人的报告书，而是凭借自己的五感来对现场情况进行分析，这样才能收集到最全面、最准确的信息。

　　第二阶段 Ask（询问）就是提出"谁对这件事最了解"以及"出现这种情况的根本原因是什么"之类的问题。前一个问题是为了找出在过去的开发项目中是否有可以再利用的知识以及有没有详细了解这一问题的专家。

在解决问题的时候，为了避免出现无用功，首先应该确认过去是否有人解决过同样的问题，是否有能够再次利用的知识。如果没有过去积累下来的知识，接下来就要提出第二个问题"出现这种情况的根本原因是什么"。这个问题可以使用"重复五次为什么"、特性要因图以及帕累托分析等方法来找出答案，根据实际情况选择最合适的方法。

第三阶段 Model（模型化）就是将前一阶段在大脑中构想出来的虚拟模型可视化。可视化的方法有很多，平面图、图示（比如多点开发中出现的取舍曲线）、电脑三维模型、真实样品、A3 报告书等都可以。不管采用哪种方法，只要是能够让他人直观理解的可视化模型就行，然后就可以进入到 Discuss阶段。

第四阶段 Discuss（讨论）就是根据第三阶段获得的让问题一目了然的模型与相关者进行讨论。这里所说的相关者，包括拥有决定权的人（比如上司）、受结果影响的人（其他副系统的设计者和生产者）以及对这个问题有丰富知识的专家等等。

通过与拥有不同视角的人进行交流，可以找出解决问题的最佳办法，还能够事先了解到相关者的想法。而且事先与存在利害关系的人取得共识，可以使接下来的活动更加顺利。

最后的 Act（行动）阶段也不能贸然行动，而应该先制订行动计划，然后再按照计划采取行动。

在海外大受欢迎的基础工具——A3 报告书

近五年来，A3 报告书在海外的精益生产领域大受欢迎。而在精益产品开发领域，A3 报告书也作为支撑 PDCA 和 LAMDA 的基础工具而受到极大的重视。

A3 报告书通过 TQC①运动在许多日本企业中得到普及。在丰田，不仅品质管理部门，生产、开发以及事务管理等所有部门都在推广这一运动。最初，品质管理只是记录 QC-STORY②的手段，后来逐渐发展成为思考工具、交流工具、人员管理工具以及人才培训工具。

所谓 A3 报告书，就是将想要传达的信息，按照一定的格式总结在一张 A3 纸上的报告书。A3 报告书根据具体用途可以分为解决问题 A3、提案 A3、状况报告 A3 等。或许会有人

---

① TQC：即 Total Quality Control，全面质量管理。
② QC-STORY：为了解决问题、达成课题、实现目标等而采取的行动流程。流程为：确定问题→把握现状→设定目标→分析原因→制定对策→实施对策→确认效果→防止问题再次出现→下一个课题。

怀疑，只是将信息总结在一张 A3 纸上而已，怎么会有那么大的效果呢？然而事实上，如今欧美的精益生产和精益产品开发之所以都采用 A3 报告书，就是因为实践证明它是非常有效的工具。

要想将一个复杂问题的全部流程准确完整地记录在一张 A3 纸上并不是一件容易的事。将几十张 PPT 或者十几页报告书中的信息总结在一张 A3 纸上的过程，本身就需要对信息的内容进行反复的推敲。这样一来，你对问题的理解必然会更加深入，从而能够找出最本质的问题，并且将自己的想法简单明了地表达出来。

尽管制作 A3 报告书可能需要花费一些时间和精力，但对阅读报告的一方来说，却可以非常高效地获取信息。在需要向多人展示资料并获取反馈信息的时候，A3 报告书是非常有效的工具。

一张 A3 报告书中的内容相当于需要花上几十分钟进行演示和说明的几十张 PPT 的内容。而 A3 报告书因为将内容都凝缩在了一张纸上，让阅读者只要五分钟就可以把握问题的本质。而且虽然制作它会花些时间，但却可以反复阅读，所以实际上比其他工具更有效率。

图示 4 就是解决问题的 A3 报告书的基本模组。

首先是报告书的主题，然后对问题的背景进行说明，接下来是尽可能利用图示来对现状进行可视化的说明，最后是对目标进行说明。解决问题，就是弥补目标与现状之间的差距。而要想做到这一点，接下来对根本原因的分析必不可少。

　　分析根本原因是非常重要的一个步骤。如果分析得不够透彻，那就无法找到能够从根本上解决问题的方法。要想分析根本原因，可以根据具体情况，使用"重复五次为什么"、特性要因图、帕累托分析、因果分析等制造业在解决品质问题时经常用到的方法。

　　重复五次为什么就是针对问题的表面现象反复思考"为什么"，从而找出导致问题出现的根本原因。图示5所示的特性要因图，就是通过人、设备、材料、工艺等多个角度对问题的原因进行思考，然后将其总结成鱼骨图的方法。帕累托分析就是将问题的发生频度与问题的原因制成图示，针对出现频度最高的原因寻找解决办法。

图示 4　典型的解决问题的 A3 流程

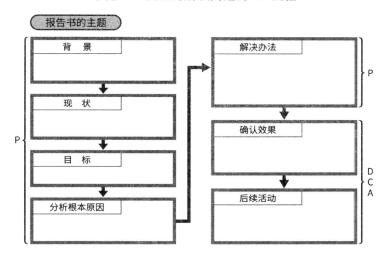

图示 5　帕累托分析与特性要因图

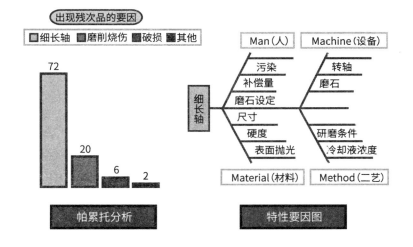

将通过上述方法找出来的针对根本原因的解决办法都列举出来，汇总成一览表，从多个角度（效果、成本、时间、难度、对其他部门的影响等）对各个解决方案进行分析，选出最佳的解决方案。这种在多个解决方案中选出最佳解决方案的方法被称为"多点决策"。

如果将上述步骤放到 PDCA 之中，那么以上这些都相当于 P（计划）阶段。虽然也制订了实行计划，但这部分只相当于 D（执行）的最初阶段，接下来才是真正的实行。在解决问题的 A3 报告书之中还有实际执行之后的"确认效果"，这个步骤相当于 PDCA 中的 C（检查）。最后在"后续活动"中制订的行动计划，相当于 PDCA 最后的 A（行动）阶段。

在需要推行大规模的设备投资和组织变更、系统导入等重大决策的时候，提案 A3 则十分有效。从现状分析到提案，还有对备选方案的分析以及评价等，在这种情况下也需要对多个备选方案进行分析。然后才会进入到详细计划、遗留问题、执行时间表等阶段。

接下来再让我们看看产品开发中所特有的 A3 报告书。图示 6 是在制定设计标准时的技术 A3。在这种情况下，需要首先从主要的设计课题入手，然后是解析与实验结果、基于实验结果制作的取舍曲线、取舍曲线的前提条件和限制条件以及建议设计标准的一系列流程。

图示 6　技术 A3（设计标准提案）的流程

报告书的主题

| 背 景 |
| 主要的设计课题 |
| 解析与实验结果 |

| 取舍曲线 |
| 前提条件与限制条件 |
| 建议设计标准 |

P

D
C
A

用 A3 来共享开发上的知识

很多导入精益产品开发的公司都会将开发中获得的知识以
A3 的形式记录下来。图示 7 就是特利丹·贝索斯公司（第三部
分中将介绍其案例）用来记录知识的"知识概要"（Knowledge
Brief）。这家公司对顾客关心的问题、解决问题的方法、取舍曲
线、提案等一切知识都以 A3 的形式统一记录下来。

图示 8 中所示的顾客关心的问题，虽然是记录顾客需求的
知识概要，但却并不是对顾客需求的简单列举，还对顾客为什

么会有这样的需求进行了深入的分析和记录。通过总结这些资料，可以将顾客的根本性需求以及隐藏在其背后的要因在所有开发部门之中共享。

图示 7　将开发上的所有知识都用 A3 记录下来

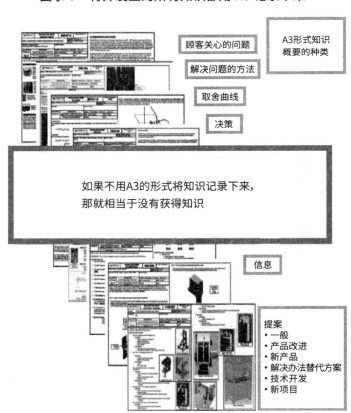

图示 8　顾客关心的问题知识概要

顾客对容器泄露检查器 关心的问题	制作日期：xx年yy月zz日 制作者：xxx 信息来源：zzz

顾客种类	乳制品饮料	碳酸饮料	非碳酸饮料	商业用·家庭 用药剂
容器种类	高密度聚乙烯/ 利乐包	铝/铁/PET	铝/PET/利乐包	高密度聚乙烯
容器尺寸	100—1000ml	120—750ml	120—750ml	120—750ml
最小检出直径	0.15mm以下	0.1mm以下	0.1mm以下	0.1mm以下
传送带速度	120m/分	120m/分	120m/分	9—35m/分
洗净条件	清水洗净 除锈	清水洗净 除锈	清水洗净 除锈	擦拭后清水 洗净

　　绝大多数开发上的技术知识都可以通过取舍曲线来表现。取舍曲线是用来表示限制产品性能的物理法则的曲线，可以使多个设计参数之间的关系一目了然。也就是说，能够将许多问题都总结在一张图示上。

　　图示 9 是用 A3 形式记录取舍曲线的方法之一。在 A3 的左侧记录对取舍曲线中所使用的设计参数以及测定方法的说明，右侧是实际的取舍曲线。

图示 9   取舍曲线的概要

取舍曲线的名称

设计参数的说明
A B C
测定方法的说明

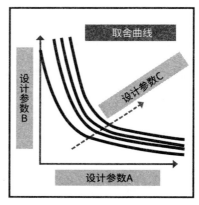

第⑧章　精益产品开发的基础一：
　　　 多点开发

如果不在构想设计上多下功夫，之后将会产生巨大的无用功

正如第六章中提到过的那样，近年来，随着产品开发项目的大规模化和复杂化，很多企业都导入了阶段目标管理法，以此作为强化开发管理的手段。然而，因为这个管理方法需要创建一个非常强大的官僚开发管理组织，对开发流程进行极度精细的管理，所以反而会导致产品开发的效率更低。

不过，除了阶段目标管理，还有一个导致产品开发效率降低的要因，那就是产品开发的不确定性。越是创新的产品，因为其需要具有极高的革新性，所以其不确定性就越高。反之，如果只是对现有产品进行少许变更的开发，尽管不确定性很低，但革新性也同样很低，所以开发的附加价值就很低。如何应对产品开发中的不确定性，是产品开发所面临的重要课题。

要想在产品开发中引发革新，就必须进入未知的领域。要想实现前所未有的功能或者大幅提升性能、降低成本，就必须尝试之前从未使用过的设计、结构、零件。当然，针对这些未知的领域必然会出现许多备选方案。

问题就在于如何尽可能全面地设计备选方案，如何在这些备选方案之中确定一个最终方案。绝大多数企业的开发者，面对未知领域的时候只能提出非常有限的备选方案，而且仅仅进行简单的分析讨论之后就立刻确定一到两个方案。沃德博士将这种方法称为"单点开发"。

与"多点开发"即同时对多个备选方案进行分析，逐渐选出最终方案不同，单点开发只在少数几个备选方案之中迅速地做出决定。这只不过是基于直觉和预期做出的毫无根据的判断。如果将产品设计比喻为在一个设计空间之中探索能够满足要求规格的最佳设计参数组合，那么单点开发就是从一开始就在一个非常狭小的设计空间中进行探索的方法。

那么，开发者为什么要使用单点开发，也就是设计之后立刻验证的方法呢？因为他们认为尽快做出决定并开始具体设计可以提高设计的效率，但这种想法是完全错误的。最近，迫于开发周期缩短带来的压力，很多开发者们都采用了这种缩短初期技术分析时间的单点开发方法。从多个备选方案之中迅速地找出"最佳"方案然后便开始具体设计，表面上看似乎非常有效率。但是，如果这个"最佳"方案无法实现，那么整个具体设计阶段的工作就全都白费了。在构想设计阶段的疏忽会给开发后期造成巨大的浪费。

正如前文所说，丰田在 PDCA 的 P 部分会投入一半以上的时间对问题进行充分的分析。然而许多企业却在寻找问题和确定解决办法上非常草率，然后立刻开始实行，还以为这是很高效的业务方法。这样的组织一旦遇到问题，马上就会开始"灭火作业"，但却从来没有从根本上解决问题，结果总是把握不住最本质的地方。

在开发上也有与之相似的情况，那就是遇到问题没经过仔细思考就想出一个"解决办法"，然后立刻开始进行设计的"单点开发"。

循序渐进的多点开发

1995 年，艾伦·沃德博士在麻省理工学院斯隆商学院发行的《MIT 斯隆管理评论》杂志上发表了名为"丰田的第二悖论"的论文。这篇论文指出，丰田的产品开发方法与欧美企业的方法存在着根本性的区别，与现在被普遍认为是正确的方法完全相反。

第一个不同点是，丰田在进行产品开发时会在初期提出多个备选方案，然后在具体设计开始之前一直保持对多个备选方案的分析，循序渐进地进行筛选。还有一个不同点，丰田并不在最初就确定产品的详细规格，而是随着设计的进行而逐渐详细化、具体化。虽然丰田采用的设计方法乍看非常没有效率，但实际上丰田的设计效率要远远高于其他企业。这就是"丰田的第二悖论"。

其原因在于，产品开发与生产之间有着本质的区别。生产，是基于产品开发产生的设计信息进行重复的生产活动。生产的关键在于减少无用功，而无用功可以通过改进使其无限接近于零。不管是六西格玛还是品质的源流管理[①]，基本出发点都是使无用功无限接近于零。而产品开发的关键则是革新，通过革新创造价值。与之前的产品采取相同的设计无法创造价值，但革新比例如果太大，未知的部分太多，风险也就越大。

所以问题就是有没有在促进革新的同时降低风险。而答案则是确实有降低风险的方法，那就是多点开发。

请看图示 10。假设某新产品为了实现各项革新，共有六个副系统。每个副系统各有四个备选方案，每个备选方案的失败率为 20%。

如果采用单点开发的方法，从各个副系统的四个备选方案中选择一个，那么六个副系统全部成功的概率是 $(1-0.2)^6 \approx 0.26$，也就是只有 26% 的成功率。然而哪怕只有一个副系统失败，这个产品就是失败的，所以从结果上来看，产品开发四次只能成功一次。

_____

① 源流管理：提升产品品质的方法，也是种管理思想。

图示 10　多点开发可以大幅降低革新的风险

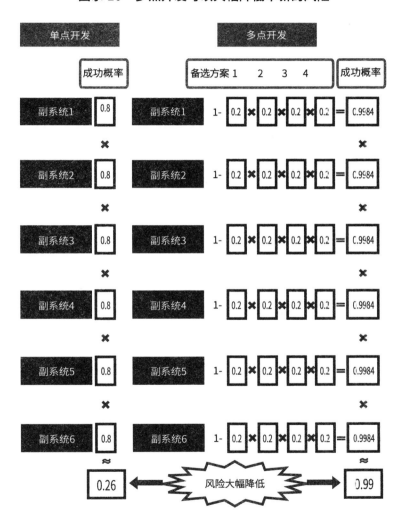

但是，如果同时对六个副系统的每个备选方案都进行分析，那么只有在所有备选方案都失败的情况下该副系统才会失败。而出现这种失败的概率是 $(0.2)^4=0.0016$，成功率则为 $1-(0.2)^4=0.9984$。六个副系统全部成功的概率为 $(0.9984)^6 \approx 0.99$，也就是 99% 的成功率。由此可见。使用多点开发的方法能够大大降低在开发后期的试验阶段因为设计方案存在问题而返工的风险。

或许有人会问："备选方案越多，花费的时间和成本也越多。多点开发在开发初期就要对那么多的备选方案而且还是最终可能用不上的方案进行分析，岂不是也要消耗大量的时间与精力吗？"

这个问题不难回答。在开发初期对多个备选方案进行分析的时候，只要制作简单的样品即可，并不会消耗太多的成本。关于这种方法我将在后文中进行详细的说明。

此外，未被采用的知识和被采用的知识都会被记录下来，在将来的开发项目中可重复利用，并不会浪费。

许多企业对于开发项目产生的大量知识都用完即弃。这些知识之中的绝大部分都没有被以文件的形式保存下来，只存留在开发者的大脑之中。

从长远的角度来看，在开发初期就对众多备选方案进行分析，并且将知识都记录下来留待再利用，反而能够提高开发的效率。

多点开发如图示 11 所示。最初准备多个备选方案，以多元化的视角对备选方案进行分析，不完善的方案逐渐被剔除，最后只剩下一个最佳的方案。

图示 11　备选方案的筛选

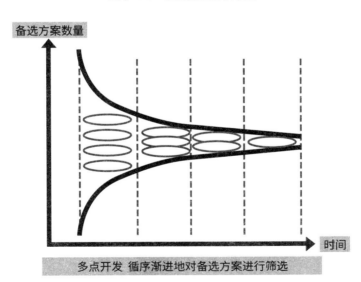

在产品开发的最优化过程中，多元化的视角尤为重要。性能完美但价格太高的产品很难卖得出去。功能齐全但操作困难的产品或者容易出现故障的产品也一样卖不出去。多点开发会通过多个视角对备选方案进行分析，这样更容易找出最佳的方案。

将开发分为两个阶段思考

多点开发并非贯穿于产品开发的始终，而是只存在于构想设计阶段。在多点开发阶段的最后，要选出一个备选方案来决定规格。然后就进入产品开发的后半阶段，也就是具体设计阶段。

在具体设计阶段，需要根据多点开发阶段获得的知识来制作产品的图纸，然后根据图纸来进行试制和试验，对产品设计进行验证，最后进行批量生产。与单点开发相比，多点开发因为事先对多个备选方案都进行了全面的分析，将可能出现的问题一一排除，所以进入具体设计阶段之后出现问题的可能性非常低，几乎不会出现返工的情况。因为在多点开发阶段已经对备选方案进行了筛选，所以在具体设计阶段就只需要对最终方案进行设计即可。

丰田在对备选方案进行筛选的时候首先筛选商品概念，然后筛选款式设计。

　　产品设计开始后就可以开始零件设计，两者同时进行筛选。生产系统在款式设计和产品设计阶段进行筛选，最终差不多同期筛选完毕。

　　丰田进行汽车开发时，对备选方案进行筛选的方法如图示12 所示。通过这张图示可以看出，丰田将产品开发流程分为两个阶段，即对备选方案进行筛选的多点开发阶段以及筛选完毕之后对最终方案进行具体设计的阶段。

图示 12　丰田进行产品开发时对备选方案进行筛选的方法

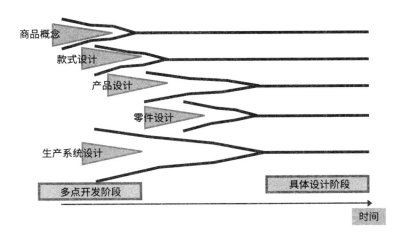

传统的开发方法认为，在商品企划阶段应该由市场部门作为主导，严格地确定产品规格。与之相对的，多点开发则是在前期开发的过程中逐渐地使产品规格详细化。精益产品开发在商品企划阶段将重点放在理解顾客价值上，尽可能给产品概念设定一个宽松的目标。随着多点开发的不断深入，知识的不断积累，在获得设计参数间的取舍曲线之后，最终才确定详细的规格。

另外，多点开发阶段所使用的样品最初也只是简单制作，随着设计方案的筛选才逐渐变得精致化。关于这样做的原因将在后文中进行详细的说明，如果用一句话来概括，那就是用低成本获得知识。

不要急着做决定，彻底消灭致命的返工

图示 13 表示的是开发各阶段中产生的开发成本（柱状）与各阶段结束时对产品的制造成本造成的决定性比率（折线）。通过这个图示可以看出，多点开发尽管在构想设计阶段的开发成本只有 8%，但却决定了制造成本的 70%。

图示 13   各开发阶段产生的成本与对最终成本的影响

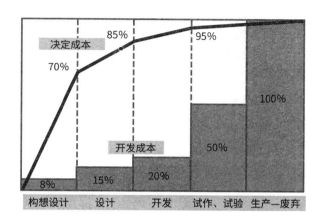

单点开发的问题在于决定做得太早而获取知识则太晚。也就是说，在开发初期知识不足的情况下就选择了缺乏可行性和实证性的方案（决定做得太早）并且交给开发团队，开发团队（根据直觉和预期）选择一个可行性最高的方案（决定做得太早）开始进行设计，等到了开发后期发现这个方案不合适又进行返工（获取知识太晚，而且学费很高）。

与之相对的，多点开发则尽可能推迟做决定的时间（获取知识后才逐渐将规格详细化、具体化），尽可能早地获取知识（初期阶段简单制作样品）。

图示 14　传统开发方法与多点开发的区别

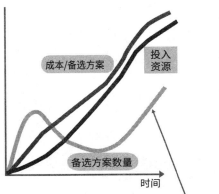

传统开发方法

成本/备选方案

投入
资源

备选方案数量

时间

开发后半段出现问题再寻找新的方案成本极高

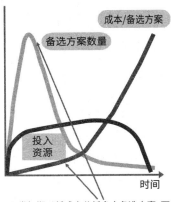

多点开发

成本/备选方案

备选方案数量

投入
资源

时间

开发初期以低成本分析多个备选方案,可以防止出现返工

图示 14 表示的是传统的开发方法与多点开发之间的不同。根据这个图示我们可以看出，传统的开发方法在初期阶段分析的备选方案很少，后期则逐渐增多。这是因为在开发初期阶段就草率地选择了未经过实证的方案开始设计，结果到了设计后半阶段出现问题，不得不急忙寻找其他的方案。

越到开发阶段的后期，每个备选方案的实施成本就越高（比如对耗资几千万日元的量产用模具进行修正的时候），所以传统的开发方法在后期投入的资源非常庞大。与之相对的，多点开发在初期阶段每个备选方案的分析成本都很低的时候，对多个备选方案进行分析，因此在开发后半阶段基本不会出现问题，投入的资源在整个开发流程中都比较平均。

这就相当于开发中的预载[①]。尽管在很早以前预载和并行工程就被认为是优秀的开发方法，却在很多情况下并不适用。但是对于多点开发这种模式来说，预载和并行工程都是非常有效的方法。

利用取舍曲线探索广阔的设计空间

艾伦·沃德博士在 20 世纪 90 年代来到丰田的时候，发现

---

① 预载：将人力和物力重点投入到前期工程的作业方法。

丰田的开发部门制作并保留了许多取舍曲线。以汽车的排气系统为例，表示消音器压力的设计参数与噪音这一顾客关心问题之间关系的图示就是取舍曲线。

单点设计只能对压力和噪音等少数几个点进行调查。传统的设计方法是市场部先决定规格（压力和噪音的参数都已经决定了），然后设计者（根据直觉和经验）设计满足这一条件的消音器，再将样品交给试验部门。试验部门将经过严格检测得出的实验结果制作成详细的资料交给设计者。而设计者能够获得的信息只有这个设计是否满足参数需求，除了试验相关的内容再也没有其他任何信息了。

与之相对，制作取舍曲线需要获取大范围的设计参数，对大量数据进行分析。这样设计者就可以把握广阔的设计空间的整体情况（图示15），而取舍曲线就是危险领域（设计不成立的领域，图中的白点）和安全领域（设计成立的领域，图中的黑点）的分界线。

通过取舍曲线可以明确安全领域（图示15中曲线上方的部分），只要在留出足够距离的安全领域内的设计空间中进行选择即可。因此多点开发即便在数据精度不高的开发初期阶段，也可以选出能够确实发挥作用的设计方案。而单点开发即便数据的精度很高，但选出能够发挥作用的方案的概率却很低。

图示 15　多点开发对设计空间的探索：取舍曲线

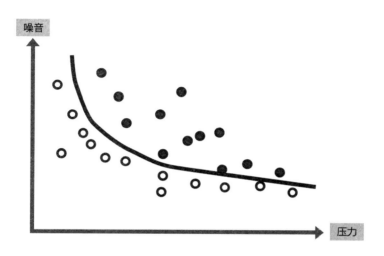

在进行多点开发时，可以利用多个取舍曲线来缩小设计空间内的领域。图示 16 就是在之前压力与噪音的取舍曲线基础上又增加了压力与成本的取舍曲线。通过这两条曲线就可以找出同时满足压力、噪音以及成本的设计空间。图示 17 将多条取舍曲线放到了一起，表示同时满足多个项目的设计空间。

图示 16　多条取舍曲线

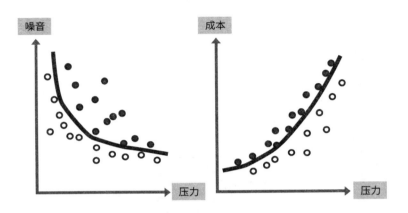

图示 17　备选方案的筛选

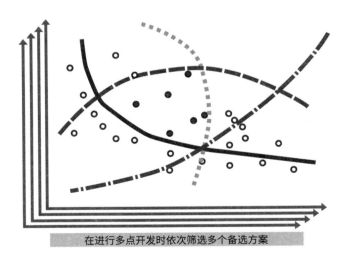

在进行多点开发时依次筛选多个备选方案

综上所述，多点开发就是根据开发上需要考虑的各种因素制作多条取舍曲线，然后利用这些取舍曲线逐渐缩小设计空间，最后选出一个最佳方案的方法。

取舍曲线主要有以下用法。

·用来理解设计参数之间的关系以及物理法则

·用于专业领域与功能领域之间的交流和交涉

取舍曲线是客观的、定量的视觉信息。因为取舍曲线表示物理法则对设计参数的限制，所以各个部门之间用取舍曲线来进行交流和交涉更有效率。

·对新来的技术人员进行培训

取舍曲线可以帮助新来的设计者更好地理解设计参数之间的关系，从而高效地吸收技术知识。

·记录知识

取舍曲线是从开发中获得的最宝贵的知识。积累这些知识可以将其再利用在其他的项目上，使开发效率得到飞跃性的提高。

·与顾客和零件生产商进行交流与交涉

在与零件生产商对零件的规格进行商讨时，使用取舍曲线可以高效地找出最合适的规格。

·用于进行设计预览

· 用于与上司或管理者进行交流

· 在设计时考虑到品质问题

取舍曲线是安全领域与危险领域的分界线，如果在留出足够安全距离的地方选择设计参数，那么就可以使品质得到保证。

专栏　从"失败学"中吸取经验

《失败学的推荐》（畑村洋太郎著，讲谈社）一书之中介绍了许多关于多点开发的技巧和经验，推荐大家读一读。在第二章中畑村教授指出，如果只用树状图对事物进行理解可能会导致出现巨大的失败。树状图是将复杂的事情按顺序分解成多个部分，作为思考整理的办法非常有效。但树状图只是为了便于理解而将复杂的问题简单化的图例，实际的事物其实要比树状图复杂得多。具体如图示 18 所示，树状图实际上还有看不见的环状连接。以产品开发为例，设计中的产品的某个零件的运转可能会对其他的零件造成负面的影响。

图示 18　零件之间隐藏的关联令人难以觉察

来源:畑村洋太郎《失败学的推荐》(讲谈社)

　　如果没有觉察到这个看不见的环状连接, 就可能导致开发失败。比如发动机的气缸在运转时产生的热量可能会给配置在附近的控制用电子线路带来负面影响。

　　畑村教授的警告也同样适用于一个零件中多个设计参数间的关系。如果不理解设计参数的相互作用就很有可能出现严重的失败。如果为了解决设计上的问题而对某个特定的设计参数进行调整, 结果却对其他的设计参数造成了影响, 那么就可能出现其他的问题。

注意设计参数的相互作用

接下来让我们了解一个实际案例。这是我从一位美国精益产品开发管理顾问那里听说的，是美国某个电子企业真实发生的事情。这家企业生产一种使用5号电池的数码相机，但在新产品发售后不久，便接到消费者的大量投诉，明明新换的电池却显示"电量不足"。技术人员立刻通过特性要因图对问题的原因进行调查。

结果发现出现这种问题的原因是电池的电极与接触片之间的接触压力不足。而造成接触压力不足的原因是，目前市场上销售的电池都比随这款产品附送的电池短0.2—0.3毫米，如果使用比产品的设计值更短的电池就会导致接触片的变位不足，而变位不足会导致出现接触不良，最终出现"电量不足"的警告。也就是说，这款产品没有针对市场上销售的电池长度参差不齐的问题调整接触片的接触压力。

技术人员为了解决这个问题增加了接触片向电池电极方向的弯曲度，这样就算使用较短的电池也能够保证足够的接触压力。对设计进行变更后，即便安装最短的电池也能保证足够的接触压力。技术人员认为这样一来问题就解决了，便将结果报告给上司，上司也认为问题解决了，又将结果报告给干部。

这方面的知识被总结成能够再次利用的 A3 报告书放入知识库之中，保证今后的开发项目不再出现同样的问题。

然而，这个设计变更却引发了另外一个意想不到的问题。企业又接到消费者的大量投诉，相机在使用期间经常出现电池盖开启导致电池掉落的问题。

经过调查发现，为了让短电池也能够保证足够的接触压力而增加了接触片的弯曲度之后，使用长电池的时候就会因为接触片的压力太大而使长电池将电池盖向外顶，结果电池盖被顶开，电池也会掉落出来。也就是说，为了解决出现"电量不足"警告的问题，又导致出现了电池弹出的新问题。

导致出现这一问题的最大原因在于，技术人员对于改变电池与电极之间的接触压力会不会对其他部分造成影响这个问题没有调查清楚。这正是畑村教授警告过的问题。设计参数与顾客关心的问题之间是相互关联的。

能够直观表现设计参数之间相互作用关系的图示被称为知识相关图。图示 19 就是数码相机电池盒部分的知识相关图，对于各个设计参数对其他设计参数都会造成什么影响一目了然。

图示 19　设计参数的相互关系图

<+>一个参数增加的话其他的参数也增加（同向变化）
<->一个参数增加的话其他的参数减少（反向变化）

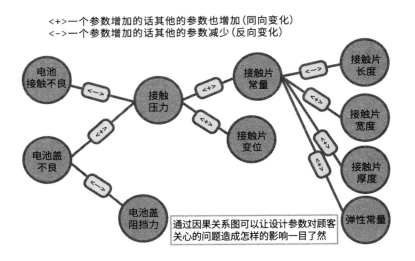

通过因果关系图可以让设计参数对顾客关心的问题造成怎样的影响一目了然

　　如果不能同时解决因为电池长度参差不齐导致的接触不良问题以及电池盖的阻挡不足问题，那么这个产品就是失败的。

　　解决办法有两个。一个是增加电池盖的阻挡力。但是这样做就需要变更电池盖与机身的塑料零件模具，不但需要花费大量的资金，还可能导致电池盖难以开启，给顾客增添新的麻烦。所以另一个更经济且更快速的解决办法就是降低在电池长度发生变化时接触片的弹力变化，将接触片的接触压力控制在不会导致接触不良的最低值和不会顶开电池盖的最高值之间。

经过调查发现，以现在的弹性常量无论如何接触压力都会超过上述范围。既然如此，那只要将弹性常量下调一些就好。要想下调弹性常量，可以减少接触片的厚度，减少接触片的宽度，或者直接降低材料本身的弹性常量。经过讨论之后，技术人员最终发现只要降低接触片的厚度就可以使接触压力的变化保持在所需的范围之内。

整合各个学习循环

多点开发中不可或缺的一部分就是学习循环。产品开发的本质就是获取知识。要想发现新的创意，就必须学习相关的知识，填补知识的不足。

通过重复学习循环，可以使学习知识的过程变得更加高效。在这个时候，LAMDA 流程将会发挥巨大的作用，这也是LAMDA 之所以被称为精益产品开发中重要基础的原因之一。

多点开发通过 LAMDA 流程对多个学习循环进行管理。每个学习循环的结果会成为取舍曲线等新知识，应用到对备选方案的筛选上（如图示 20 所示，设计空间上的领域越来越狭窄）。

学习循环的成果可以通过多点开发期间定期举行的整合活动进行共享，应用到对备选方案的筛选上。

图示 20　从学习循环的视角看多点开发

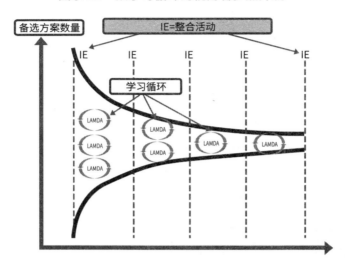

图示 21 详细地说明了学习循环的循环过程，分为以下八个步骤。

①将各个阶段开发上的课题分为副系统与学习循环。

②列举各个学习循环的目标。

③列举为了达成目标而应该解决的问题。

④计划学习循环。

⑤提出多个方案的同时找出解决办法。

⑥利用快速成型技术 [①]，以较低的成本对备选方案进行分析。

---

① 快速成型技术：通过计算机在短时间内制作出立体模型的技术。

⑦对学习内容进行检验和记录。

⑧在学习循环的最后，通过整合活动将知识记录下来，与其他的副系统整合，计划下一个学习循环。

图示22表示的是学习循环的计划、设计、制作、试验、检验等一系列实施方法。正如图示所示，在制作和试验阶段，需要从图像、快速成型、电脑模拟等技术中选择成本最低的方法。

图示 21　学习循环的详细内容

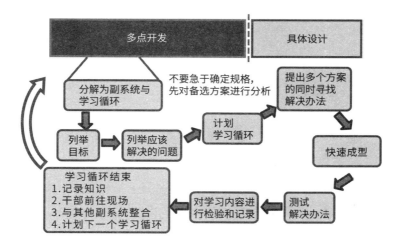

图示 22　学习循环的实施方法

计划	设计	制作	试验	检验
①超越领域的革新	①指定重要的副系统	①平面图	①数学公式	①总结概要
②计划	②了解系统的相互作用	②快速成型	②模型	②记录知识（模板）
③定义目标	③定义获得答案的方法	③物理模型	③借鉴以前的经验	③向干部报告
④定义问题	④收集需求	④电脑模拟	④模拟	④测定概念
⑤定义作业	⑤提出概念	⑤副系统试验	⑤物理试验	
			⑥概念与需求对比	
			⑦顾客验证	

对备选方案进行筛选的整合活动

多点开发需要定期举行整合活动。这项活动与阶段目标管理法的阶段目标检验完全不同。阶段目标检验是对开发的各个阶段（比如构想设计阶段和具体设计阶段之间）进行分析，决定是否应该进入下一个阶段，主要是从财务的观点来进行分析。因为一旦开发进入下一个阶段，那么所需的开发经费就会大幅增加，所以需要从事业的角度来对高额的投资风险进行分析。

因此，阶段目标检验并不是对在开发阶段获得的知识进行检验。整合活动的主要目的则是对学习循环进行管理，所以整合活动的举行比阶段目标检验更加频繁，而且每隔一段时间就必须举行一次。整合活动的目的主要包括以下六点。

①调整开发步伐，将节奏和流程导入开发之中。

②将各副系统获得的知识共享并记录下来，为今后的开发提供参考。

③对开发时间表的计划和实际情况进行对比。

④从多个角度对备选方案进行分析和筛选。

⑤将规格详细化、具体化。

⑥计划下一次的学习循环，分配所需的资源。

将产品规格逐渐详细化

传统的开发方法认为，应该在开发初期就准确地决定详细的产品规格。如果没有一个详细的规格，那么产品在开发过程中就会变得面目全非，与最初的设计完全不同。

与之相对的，精益产品开发在多点设计阶段只是大概地决定一个产品的规格和要求，随着多点开发的不断深入（也就是知识的不断积累）才逐渐将规格详细化、具体化。

所谓"大概地决定"，就是只给出规格的范围（例：发动机马力 90-150）和上限与下限。之所以这样做，是因为在开发刚开始的时间点上，不知道是否能够按照预定的时间、成本和品质来实现新产品的新功能和所要求的性能。另外，由于这时也不具备充足的技术知识，无法判断规格是否属于最佳的取舍曲线。精益产品开发需要随着知识的不断积累，才能够对备选方案进行筛选，将规格详细化、具体化。

或许会有人担心，采用这种方法岂不是没办法在开发初期把握产品的竞争力和市场定位吗？实际上，精益产品开发通过对顾客价值的了解以及多点开发和主工程师制度，可以使产品在企业能力与技术限制的范围内实现最强的竞争力。

很多企业之所以在挑战革新的开发项目中失败，就是因为他们最初只选择了一种达成挑战革新目标的方法。要想挑战革新，必然要探索许多未知的领域。如果在知识储备尚不充分的情况下就贸然制订开发计划，那就很容易在未知的领域之中迷失方向。

在这种情况下，通过多点开发的方法同时对多个备选方案进行分析，比将所有的希望都押在唯一的方案上风险要小得多。另外，如果多个备选方案中，从高风险、高革新性的方案到低风险、低革新性的方案应有尽有，那么一旦发现高革新性方案无法实现，还可以用低风险、低革新性的方案来拯救开发项目。

尽管这样开发出来的产品或许没有当初设想的那么具有革新性，但至少这是在最初设想无法实现的情况下能够取得的最佳成果。

沃德博士在其著作中提到过一个他从丰田的仪表盘设计师那里听说的案例。汽车的仪表盘上一般都搭载有空调控制功能和音响控制功能。其他的汽车制造商都自己决定空调和音响的技术参数，然后将其作为固定的规格交给零件制造商。但是丰田的设计师却对音响制造商和空调制造商这样说："操作面板的高度可以是 4 厘米、6 厘米或 8 厘米。希望你们可以告诉我们，不同的高度都具备哪些功能。我们将根据各种功能对汽车整体的价值贡献来决定最终的高度。"

这样一来，丰田的仪表盘设计师就可以利用音响和空调制造商的最新知识，做出能够使顾客价值最大化的决定。而他所做出的决定将会通过整合活动最终由主工程师来定夺。这是因为主工程师既是整个开发项目中最了解顾客价值的人，同时也是提出产品概念的人，所以只有主工程师拥有最终决定权。

在将产品规格逐渐详细化的过程中所应用的判断基准，是在商品企划阶段就已经明确了的顾客价值。精益产品开发的商品企划，为了深入了解顾客价值会采用 LAMDA 循环的方法。

LAMDA 最初的 Look 就是"现地现物"，用自己的眼睛去观察顾客如何发掘产品价值。丰田第一代雷克萨斯的主工程师及其团队就在美国的富人区进行了几个月的家庭访问，亲身体验那些富裕家庭的生活方式。也就是说，在精益产品开发的产品企划阶段，与严格确定规格相比更重视对顾客价值的深入了解，因为只有了解顾客价值才能够在多点开发期间确定最合适的规格。

在进行产品开发时，与零件制造商搞好关系也十分重要。沃德博士指出，纵观整个汽车行业，丰田是与零件制造商合作最为密切的企业。因为就连零件的规格，丰田都是在与零件制造商共同商讨的过程中，通过多点开发的方法逐渐进行筛选的。

美国的汽车企业则完全由自己决定零件的规格，通过招标的方式选择报价最低的零件制造商。然而报价最低的零件制造商往往对实际情况估计不足，或者没有意识到重大的技术问题，结果将会导致自身出现赤字。

零件制造商为了弥补自身的损失，就会以改变设计等理由要求提高供应价格，如果企业不能向其分配相应的经营资源，就很有可能导致品质下降或者无法按期交工等问题。像这种从一开始就确定详细规格的情况，不管是身为客户的企业还是零件制造商，都无法享受到多点开发带来的好处。那么，究竟应该怎么做才对呢？

答案是，零件制造商应该在开发之前就参与到客户企业的开发流程之中。因为等客户企业的采购部门做好招标材料的时候，规格都已经确定，那就太迟了。所以零件制造商必须在那之前就打入客户企业的开发部门，突显自身的技术优势，即便只是进行非正式的规格磋商，也可以以此为基础达成共识。

零件制造商应该在这一时期对客户企业的需求进行简单的分析，然后通过取舍曲线让客户企业认识到自己关心的问题之间都存在怎样的相关性，这样客户企业一定会感到非常有益。

虽然对零件制造商来说，改变客户企业的行为模式非常困难，但仍应该努力进行尝试。另外，还应该努力寻找能够像这样达成战略合作关系的企业，有意识地与这样的企业实现合作关系。

关键在于用低成本来获得知识

对多个备选方案进行分析的时候有许多方法,不同的方法所需要的分析成本也存在着极大的差异。在构想设计阶段对多个备选方案进行分析所需的成本和时间完全取决于分析方法。在对备选方案的可行性进行分析的时候,成本最高的方法就是像单点开发那样,制作一个和实际产品一样的样品来进行试验。试验成功倒还好,但试验失败的话就要重新设计,导致开发成本大幅增加。

要想以较低的成本获得知识,首先要明确自己想要获得什么知识。在绝大多数情况下,开发所需的知识都是设计参数间的相互关系,也就是取舍曲线。在明确了想要获得什么知识之后,接下来就是寻找最合适的方法。

在多点开发的初期阶段,可以用廉价的模型和图片来作为样品。随着开发的不断深入,样品也会越来越正式,制作样品花费的成本也越来越高。之所以这样做,是因为在开发的不同阶段,样品的作用也是不同的。在开发的最初阶段,样品的作用是获取个别知识。而随着开发的深入,样品的作用逐渐转向对产品整体进行验证。而为了对产品进行验证,样品必须接近最终成品才行,所以样品也会变得更加正式,相应的成本也更高。

接下来我将为大家介绍一个哈雷戴维森的案例。哈雷曾经开发过一款新型摩托车，在正式发售之前哈雷举办了一场试驾会。结果在试驾会上，摩托车的很多链条都断了。

之前哈雷公司进行内部测试的时候并没有出现这样的问题，因为内部测试时都是由专业的测试车手来进行驾驶，但普通顾客的驾驶方法比专业的测试车手粗暴，结果导致这款新型摩托车的问题暴露出来。之所以会出现这种问题，是因为哈雷公司没有准确地把握自身产品的实际使用条件——驾驶员如何粗暴地进行驾驶。

经过调查发现，虽然新型摩托车采用了比之前的型号排量更小的发动机，但在链条上施加的驱动力却比之前更大，如果按照现在这种驱动力进行长距离行驶，链条在达到设计寿命之前就会断裂。

距离批量生产只剩下几周的时间，开发团队拼命地寻找解决办法。他们花了几天的时间制造了一个能够连续对链条施加压力的简易链条测试机，然后夜以继日地对从链条生产商那里拿来的多种链条进行长距离行驶模拟测试。结果终于找到了能够承受新型发动机的驱动力并达到指定行驶距离都不会断裂的链条。新型摩托车顺利地赶在销售之前开始批量生产。

图示23表示的是简易链条测试机测试出的链条的取舍曲线。

横轴是行驶距离，纵轴是使链条断裂的驱动力。不管哪一种链条，其强度都会随着行驶距离的增加而降低，然后因为超过其承受范围的驱动力而断裂。新型发动机在链条上施加的驱动力更大，但却仍然沿用了之前的链条，通过取舍曲线可以明显地看出，使用新型发动机之后，链条会在达到指定行驶距离之前断裂。与之相对的，上方两条曲线表示的是替代链条的特性。这两种链条都能够在承受新型发动机驱动力的同时达到指定行驶距离。

图示 23　摩托车链条的取舍曲线

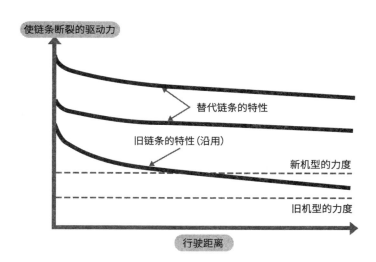

　精实创新：快思慢决的创新技术

在这个案例中，哈雷显然并没有采用多点开发的方法，没有在构想设计阶段对多个备选方案进行分析。当出现意想不到的紧急情况之时，为了避免新型摩托车不能按期发售这个最坏的状况出现，开发团队急中生智想出来的检查链条的方法，就相当于多点开发中以低成本获取知识的方法。

终极目标是知识的再利用

沃德博士指出，"产品开发中最大的浪费，就是将好不容易获得的知识扔掉，没有将积累下来的知识应用到今后的产品开发上，反而为了获得相同的知识而浪费宝贵的开发资源"。产品开发依靠革新来产生价值，但革新处于未知的领域，要想实现革新就需要新的知识。

在进行产品开发的时候，开发者费尽千辛万苦获得的知识如果不能继续应用到其他的项目中，而只是用过一次就扔掉，确实太浪费了。但是，绝大多数企业的开发部门却并没有主动地、系统地将开发中获得的知识以能够再利用的形式记录和管理起来。

图示 24　能够再利用的知识的创造与活用

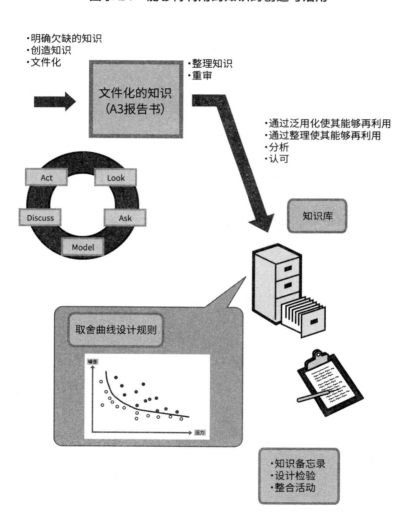

- ·明确欠缺的知识
- ·创造知识
- ·文件化

文件化的知识
（A3报告书）

- ·整理知识
- ·重审

- ·通过泛用化使其能够再利用
- ·通过整理使其能够再利用
- ·分析
- ·认可

Act　Look

Discuss　Ask

Model

知识库

取舍曲线设计规则

- ·知识备忘录
- ·设计检验
- ·整合活动

图示 24 表示的是在精益产品开发中，知识从获得到再利用的循环。在多点开发的学习循环中首先明确欠缺的知识，然后通过 LAMDA 流程创造知识，最后以 A3 报告书这一特定的格式将知识文件化并记录下来。

但是，这样的知识还只是该项目的专用知识，要想让知识能够被再利用，需要将知识泛用化。所以要对知识进行整理和重审之后将其泛用化，再经过分析和认可后将其正式输入知识库之中。对知识的确认和认可在提高知识可信度上是不可或缺的流程。

如果设计师不相信输入知识库中的知识是准确的，那就无法对现有的知识进行再利用。像这样积累下来的知识，绝大多数都是取舍曲线和设计规则将这些知识汇总到设计备忘录之中的，设计师可以更加放心地利用这些积累下来的知识。

与知识积累同样困难的是再利用时的检索。如果积累了大量的知识，要想从中找出对当前项目有帮助的知识而不至于像大海捞针，就要找到方法。

一种方法是制作备忘录。将过去出现问题的项目整理罗列出来，开发者可以从列表中找出自己需要的取舍曲线。

但是，备忘录毕竟也是人工制作的，不一定能够将所有有价值的知识一个不漏地全都记录下来。而且有时候可能完全不相关的产品开发中获得的知识反而能够应用于现在的开发项目，所以对于积累的知识的检索问题是精益产品开发中最重要的课题，甚至有人为此开发了专门的软件。

不出现在开发流程图上的另一种流程

像这种将各个开发项目中创造出来的知识收集起来，通过泛用化使所有开发者都能够再利用的流程，在一般的企业所实施的开发流程中是不存在的。因为这些企业都是从产品价值流程的角度出发，将开发流程看作是将顾客需求转变为实际产品的过程。

然而在产品开发中，却有一个与产品价值流程相交的流程，那就是知识价值流程。这一发现可以说是精益产品开发中的巨大成果。正如图示25所示，在产品开发中除了横向的产品价值流程，还有纵向的知识价值流程。

这两个流程还会对开发组织产生影响。推进产品价值流程的是开发项目。与之相对，推进知识价值流程的是以功能区分的各个部门。因此，各个开发部门必须对自身进行意识改革，将促进知识的积累和再利用当成自身的任务。

图示 25　产品价值流程与知识价值流程

专栏　最早的多点开发者是莱特兄弟

艾伦·沃德博士认为，最早使用多点开发方法的人是发明飞机的莱特兄弟。

从19世纪后半期到20世纪初期，许多发明家都尝试开发飞机，但都失败了，甚至很多人因为在飞行试验中坠毁而献出了生命。莱特兄弟采取了与其他发明家完全不同的发明方法。他们认为直接发明飞机非常困难，于是将飞机的飞行技术分为机翼构造、动力以及机体的三轴控制三个领域，通过在每个领域中反复进行基础实验获得了许多知识。

在机翼构造的问题上，他们最初按照公开的空气动力学特性参数表来制作滑翔机，但在制作过程中发现这个参数表是错误的。为了能够低成本高效率地对不同形状的机翼的空气动力学特性进行分析，莱特兄弟利用废弃材料制作了一个小型的风洞，以及能够对施加在机翼上的升力和阻力进行测定的构件。他们对超过两百种不同形状的机翼模型进行了风洞试验，制作了一份与不同形状机翼相对应的升力和阻力的空气动力学特性参数表。

虽然这个风洞试验只用了很少的时间而且几乎没有花费多少成本，但却取得了前所未有的巨大成果。可以说多点开发的精髓在莱特兄弟的风洞试验中表现得淋漓尽致。后来兄弟二人又使用铝质的轻型发动机解决了动力问题，通过对机翼表面形状的弯曲度进行控制解决了三轴控制的问题。

除此之外，莱特兄弟还将在发明中获得的知识详细地记录了下来，这样重复进行了无数次的风洞试验的结果都被记录为各种参数和表格。两个业余发明家竟然能够如此系统化地对知识进行记录，实在是非常令人惊讶。正因为他们积累了如此庞大的知识量，所以他们第一次设计的飞机在第三次飞行试验中就取得了成功。

与莱特兄弟同年代的美国发明家塞缪尔·皮尔庞特·兰利尽管得到美国政府的大力支持，但所有的飞行试验都失败了。兰利用了十七年的时间耗资七万美元却开发失败，莱特兄弟只用了四年时间和一千美元就通过最初设计的飞机取得了成功。

没有接受过大学教育，在偏僻的乡村经营自行车店的两兄弟，之所以能够领先众多著名的发明家和技术人员将飞机发明出来，就是因为他们采用了多点开发的方法。包括兰利在内的其他发明家全都是一有想法就立刻制作飞机进行试验，结果最终都失败了。他们没有对自己的想法进行仔细的分析便草率地开始设计，制作出成品进行试验时遇到了问题，结果又要返工从头开始，这就是典型的单点开发的方法。

莱特兄弟将飞机的发明分解成三个主要问题，然后专心于创造知识。这就是基于知识的开发方法，或者叫学习先行型开发方法。他们针对三个问题的备选方案进行了许多实验，积累了丰富的知识。在获得足够的知识之后，他们才根据这些知识开始设计飞机。

　　飞机的发明究竟有多高的风险，从之前几十位发明家悉数失败，甚至有许多发明家因此丧生的事实中就可以清楚地明白。但莱特兄弟却通过多点开发的方法，大幅降低了开发的风险并且取得成功。

第⑨章 精益产品开发的基础二：主工程师制度

丰田主工程师制度的优秀之处

早在沃德博士对丰田开始研究之前，丰田的主工程师制度就已经广为人知。丰田的主工程师制度最早起源于军用航空机械产业，是一种由一名系统设计人员对产品开发承担全部责任的制度。

沃德博士将其称为"创业型系统设计师"，可以说非常准确地表现出了其所具备的特征。"创业型"容易让人联想到"有激情""不会陷入官僚主义""拥有经营直觉""承担事业责任（亏损责任）""拥有从市场调查到生产的全流程影响力'。而"系统设计师"则会让人联想到"整合各个副系统""从整体上主导产品的设计""能够根据取舍曲线的关系找出最优选择"。

主工程师简直就是超人一样的人才，他的职责包括以下八点。

职责一　项目总负责人

对开发的产品承担最终责任的人就是项目总负责人。丰田的主工程师与开发的功能性组织分属于不同的部门，所以直接管辖的部下很少。绝大多数的项目成员都隶属于相应的开发部门。

主工程师不仅对设计活动承担责任，还需要选择零件制造商、进行生产准备、开展市场营销活动等，对整个生产价值流程都要承担责任。也就是说，主工程师要在从确定产品概念到产品批量生产的全部生产流程中发挥自身的职责。在丰田有句话叫"这是主工程师的车"，可以说是对主工程师职责的完美诠释。

职责二　代表顾客

主工程师必须非常了解顾客，做顾客的代言人，站在顾客的立场上进行思考，竭尽全力为顾客创造最大的价值。一般的企业，顾客的声音需要通过售货员、经销商以及市场部门才能够传达到开发部门，顾客与开发者之间存在着三条传达线路。

这种"传话"的方法导致顾客的声音只有很少一部分能够传达到开发部门。而主工程师因为非常了解顾客,所以必须成为顾客的代言人。

正如前文所提到的那样,丰田雷克萨斯的主工程师及其团队专门去美国的富裕阶层家庭体验生活。而负责专门面向北美市场开发的迷你车型的主工程师也亲自驾车在美国和加拿大的绝大多数地区进行实地体验,了解北美各地的生活习惯以及道路信息。

职责三　赚取利益

主工程师不仅要监督产品开发,还要能够实现赢利的生产价值流程。一般情况下,开发项目的负责人并不需要对自己开发产品的盈亏承担责任。但是,主工程师却有责任构筑一个能够赢利的价值流程,对产品的盈亏承担责任。要想实现赢利,主工程师就必须努力提高顾客价值,降低产品成本。

职责四　统合意见

越是有竞争力的产品,在开发过程中就越容易出现意见分歧和冲突。主工程师必须能够统合意见。当主工程师与隶属于各开发部门的开发者出现对立的时候,必须通过对话交流来达成共识。各开发部门的负责人都需要支持主工程师的工作，所以会竭尽全力满足主工程师提出的要求。

丰田常说"伟大的汽车来自尖锐的对立"。第一代雷克萨斯的主工程师为了提高顾客价值，要求发动机生产技术部门制作出噪音更低、燃油效率更高的产品。要想实现这一目标，必须大幅提高发动机的加工精度。尽管开发部门最开始回答"绝对不可能"，但在主工程师坚持不懈的努力下，生产技术部门和制造部门还是实现了前所未有的高加工精度。这就是尖锐对立成就伟大汽车的绝佳例子。

主工程师还要对产品规格做出权衡，在这个时候最重要的判断工具就是取舍曲线。取舍曲线表示的是顾客价值参数与设计参数之间的关系。因为其表示的是任何人都无法更改的自然法则，所以最适合作为进行客观判断的依据。

主工程师可以根据取舍曲线理解各种顾客价值之间取舍曲线的关系，然后根据汽车的设计理念，站在顾客的角度做出最佳的选择。如果没有取舍曲线，就难以从客观的角度对产品规格做出权衡。

职责五　管理开发

对主工程师来说，整合活动是让项目朝着自己理想的方向前进的绝佳机会。在整合活动中，主工程师可以对取舍曲线进行检查，从顾客的角度对多个备选的方案进行筛选。另外，对于承担产品盈亏责任的主工程师来说，成本管理也是非常重要的业务。主工程师的直属团队需要时刻跟踪产品的预定成本。一旦实际成本高于目标成本就要立刻思考对策。

职责六　提供目标

对于没有多少真正权限的主工程师来说，只能通过目标来确保开发资源。目标就像是画家开始正式创作之前在画布上描绘的草图。一开始非常简陋，但经过反复的修改之后就逐渐变得具体起来。目标必须能够展现产品的方向性，能够让所有相关部门都齐心合力，坚持到底。

职责七　设计生产价值流程

主工程师还有一个职责，就是设计将零件制造商、工厂以及经销商全都连接到一起的生产价值流程。因为主工程师需要对产品的盈亏负责，所以必须设计能够赢利的生产价值流程。为了实现这一目标，主工程师必须亲自选择零件制造商和设计（开发）生产系统。

职责八　发挥技术领导力

为实现产品目标指明方向，带领开发人员向着目标前进。主工程师与各开发部门的负责人，在发挥技术领导力方面明显处于不同的立场。如图示 26 所示，主工程师是开发价值流程的负责人，各开发部门的负责人则是知识价值流程的负责人。主工程师发挥技术领导力的表现是在产品开发时指明技术方向。而将开发业务中产生的知识以能够再利用的形式储存起来，则是各开发部门负责人的责任。

像这样将技术管理业务分摊给主工程师和各开发部门的负责人有几点好处。首先，通过这种体制可以将主工程师从管理业务中解放出来，使其能够专心于设计业务。其次，主工程师可以对日常的技术业务进行高度的监督。技术人员如果过于集中在眼前的技术开发上，就会疏于对知识的储备和共享，而这一体制使各开发部门的负责人承担起了这一责任，在技术开发和知识储备与共享之间取得平衡。最后，因为各开发部门的负责人都具有非常丰富的专业知识，万一主工程师做出了在技术上具有极高风险的决定，各开发部门的负责人可以及时地进行阻止。

图示 26　主工程师与各开发部门负责人的职责区分

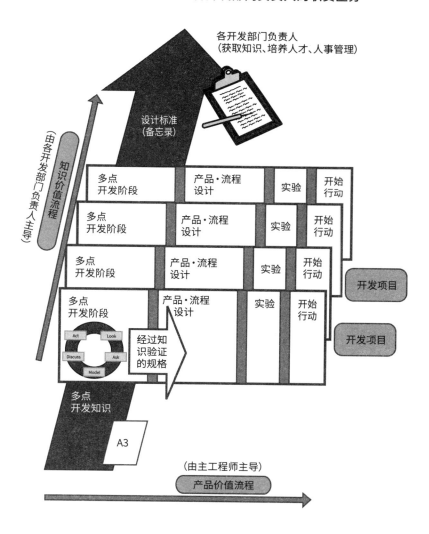

丰田的这种做法与美国汽车企业的开发方法有着巨大的差别。美国汽车企业的开发项目经理，只不过是对各部门开发进展情况进行管理的"管理者"而已，几乎没有什么权限。

为什么这项制度难以导入

因为丰田的主工程师制度早就广为人知，所以美国的汽车企业也试着导入这一制度，但结果却都以失败告终。原因之一是，主工程师必须同时具备系统设计师与经营者的能力，而仅凭借在学校里的学习想掌握这两种能力是非常困难的。

于是美国的汽车企业安排一名取得了 MBA 学位的人承担经营者的责任，又安排一名开发管理者承担系统设计师的责任，但这种两人三脚一样的管理方法进展得并不顺利。

主工程师制度之所以难以导入，主要有以下两个原因：①丰田有师徒制度，即寻找具备主工程师潜质的年轻员工，让其在主工程师手下工作十年以上，掌握必要的技能。主工程师的培养是一个缓慢的过程，不可能一蹴而就。②主工程师必须有极高的工作热情，将生产出更好的产品作为自己的工作动机。但是这样的人才往往不擅长溜须拍马，也无法完全遵守公司的烦琐规定。因为他们有自己独特的思考方法且常常特立独行，所以很容易与周围的人产生摩擦，遭到打压。

笔者认为世界上最著名的主工程师，当属 2011 年 10 月去世的苹果创始人史蒂夫·乔布斯。他一直到去世之前都作为"超级主工程师"引领着苹果的全线产品。乔布斯的过人之处在于，他超越了"顾客代言人"的领域，达到了"发现连顾客自己都没有意识到的潜在需求"的境界。乔布斯拥有饱满的热情、顽强的意志以及强大的领导能力。但同时，像乔布斯那样拥有强烈个性的人才，别说在日本了，就算在美国的大企业之中肯定也会被打压到底吧。

从这一点上看来，不管在日本还是美国，其实都拥有成为优秀主工程师潜力的人才。只不过一般在大企业之中，这样的人才都难有出头之日。如果不能有意识地对这种类型的人才进行培养，就无法培养出主工程师。

主工程师候选人必不可少的资质是什么

要想成为主工程师，都需要具备哪些资质呢？
候选人必须具备以下特征。

·对主工程师职位的渴求欲
拥有强烈的创造新产品的欲望，敢于承担责任，坚决取得成果。

· 拥有系统设计的经验

· 拥有强大的学习能力

对工学和经济学有深入的了解。能够获得技术人员的尊敬。

· 亲自动手的态度

既有大局观也能把握细节。也就是既能够从一万米的高空俯瞰大地，也能脚踏实地地采取行动。

· 拥有强大的判断力

绝大多数的判断都是在数据不充足的情况下做出的。

· 能够在大脑里规划出想要创建的系统整体图

· 能够传达产品与价值流程的目标

· 能够在公司中非正式的系统里工作

· 对技术问题有敏锐的直觉

· 对一切事物都能提出创意

· 热情、兴奋，有很强的自尊心，偶尔也会发火

· 能够将技术上的决定与业务需求明确地结合起来

· 能够站在自己负责部分之外的角度看问题，寻求双赢的解决办法

· 能够迅速理解他人的批评，并将其应用在自身的学习和路线修正上

· 拥有强大的表达能力，让他人能够清楚地知道自己应该做什么和为什么要这样做

想找出拥有上述全部能力的人才绝非易事。如果找不到，就只能选择拥有基本的性格、学习能力和发展潜力的人才进行培养。

丰田为什么有两名上司也不会出现管理混乱

提到主工程师，就不得不提到产品开发的组织形态。基本上，开发组织的形态可以分为以下四种（图示27）。

图示 27　各个组织的长处与短处

	按功能分类的组织	矩阵型组织	专任开发项目组织	丰田的开发组织
功能间调整	低	中~高	高	高
资源运转率	高	高	低	高
不同种类间的标准化	高	中等	低	高
专业知识共享	高	高	低	高
专家培养	高	中等	低	高
开发周期	长	短	短	短
应用难度	低	高	低	中等

丰田的开发组织兼具按功能分类的组织和专任开发项目组织的优点。

①按功能分类的组织

以汽车为例，就是按照发动机、车身、底盘等汽车各副系统的功能分类对产品进行开发的组织。这种组织的特点是，最容易实现同功能的产品间的知识共享和零件共通化。

②矩阵型组织

开发者既隶属于开发团队，也隶属于功能分类的组织。简单说就是各个成员都拥有两个上司。矩阵型组织的优点在于，只要运转顺畅就可以同时实现功能分类组织的"专业知识共享和零件共通"和专任开发项目组织的"便于产品开发的统合运营"。缺点则是因为开发成员拥有两个上司，一旦这两个上司之间出现对立，那么开发组成员会在究竟应该听从哪一方的问题上出现分歧。

③专任开发项目组织

为产品的开发成立一个专门的开发团队，在团队内部进行所有开发业务的组织。克莱斯勒在20世纪90年代就采用了这种组织模式开发出了被称为"日本车杀手"的LH系列等优秀的汽车。然而，这种组织制度也存在巨大的缺点。

首先是开发效率低。克莱斯勒的开发团队拥有超过六百名员工，而丰田开发一款同类型的汽车只需要一百五十名员工。虽然开发时需要许多领域的专家，但克莱斯勒的情况是，每个领域的专家只在特定的阶段很忙，其他时候则都很闲。结果克莱斯勒的开发团队就变得非常庞大。另一个缺点是，如果组建专门的开发团队，要想使各个项目团队之间实现专业知识共享和零件共通化就非常困难。因此，克莱斯勒后来改成了矩阵型组织。

④丰田的开发组织

丰田的开发组织也可以被称为"准矩阵型组织"。开发团队中的大部分成员都隶属于各个开发部门，主工程师只拥有隶属于其他组织的少数部下。但在实际开发项目中，主工程师是项目的总负责人，负责推动整个项目的前进。几乎没有任何真正权限的主工程师之所以能够发挥出如此强大的领导能力，都得益于丰田开发部门的企业文化。因此，即便丰田开发部门中的大部分员工都拥有两个上司，丰田也一样能够顺利地进行管理。

第 ⑩ 章　精益产品开发的基础三：
项目管理的体制

将节奏导入产品开发之中

　　在沃德博士提出的精益产品开发的四个基础要素之中，最后两个分别是确立节奏和流程以及负责任的专家团队。在本章，我将把这两个要素综合起来，与作为其手段的可视化计划与管理一起为大家进行说明。

　　精益产品开发非常重视对产品开发节奏（类似于开发循环之类）的导入。节奏分为两个级别。一个是长期多个开发项目级别。以一定的节奏制订长期开发计划，对包括大规模更新（平台更新）到小范围更新（派生型号与局部改变）在内的不同规模的开发进行最优化组合，使开发组织的整体负担趋于平稳。另一个就是各个开发项目内的开发业务级别。在各个开发项目中，通过将节奏导入整合活动和整合活动间的多个学习循环、日常开发业务以及整体开发之中，可以缩短开发周期，减少业务的无用功。

　　要想将节奏导入长期的开发计划之中，首先要将产品开发按照规模进行分类。如图示 28 所示，将开发项目分为小规模、中规模、大规模。战略突破型开发、产品平台全面升级等全新的产品开发都属于大规模项目。

图示 28　开发项目的分类

开发种类	项目规模		
	小规模	中规模	大规模
开发特征	修正	局部革新与再统合	战略突破
目标	对现有设计进行小规模修正	沿用现有设计，对产品的一部分进行革新	开发新的平台，创造新的品种
革新量	小	中	大
风险	小	中	大
影响范围	非常小	中等	非常大

局部革新与再统合型开发等沿用现有的产品设计与零件，只对产品的一部分进行革新的产品开发属于中规模项目。比如改变汽车的车身设计。而小规模项目则是对现有产品的部分修正，包括将中规模项目中开发出来的产品面向特定的市场和顾客进行再次修正，或者为了应对安全规格等规定的改变而进行的调整。

　　在对开发项目进行分类之后，可以根据项目的种类决定与其开发规模相符的开发工作量（开发者投入到开发中的总作业时间）。虽然同种类的开发可能出现开发工作量各不相同的情况，但如果能将开发规模按照种类标准化，那么就可以更容易地使负荷平均化。在设定不同种类的开发工作量之后，为了使开发部门的整体负荷平均化，可以将不同规模的项目分别安排在各产品群的不同时期。

　　如图示 29 所示。在这个例子中，计划的任何一个时间点上都同时存在两个大规模开发、一个中规模开发以及一个小规模开发，所以开发部门的负荷总是保持在一定的水平。如果能够在开发中长期保持这种节奏，那么各个项目就可以长期保持必要的人员，开发项目出现资源不足、进展缓慢等风险的可能性就会降低。另外由于在负荷与能力之间保持了较好的平衡，也能减少部分开发人员闲置情况的出现。

图示 29　负荷平均化的长期开发日程

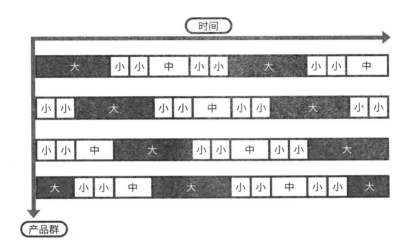

如果能够按照一定的节奏制订长期产品开发计划，产品企划和市场营销也会变得更加容易。另外，因为各产品群都需要根据顾客需求的变化以及技术的进步而进行革新。如果制订出定期进行大规模项目的计划，那么产品企划部门就可以根据计划时间表对各产品群的革新投入制订自身的计划。

反之，如果没有按照一定的节奏制订长期产品开发计划，那么产品企划和市场营销部门就不知道下一次的平台更新什么时候进行，如果在下一次的平台更新时积累了太多的革新点，那么开发规模就会变得过于庞大，使开发失败的风险增加。

用一大一小两个体制来创造节奏

正如在多点开发的章节中提到过的那样，精益产品开发每隔一段时间就会举办整合活动，为各个开发项目创造大节奏。整合活动就是开发的节奏制造者，开发的各个副系统需要面向下一次的整合活动制订各自的学习循环计划。

通过这个学习循环，可以在各个整合活动之间创造出更加细分化的节奏。在两次整合活动之间，各个副系统都需要进行多个学习循环，这也应该按照一定的节奏来进行。比如在整合活动每两个月举办一次的情况下，学习循环如果每两周循环一次，那么在活动举办期间就可以实施四次学习循环，如果每一周循环一次，那么就可以实施八次学习循环。当然，不同开发副系统下属的副团队的学习循环周期不一定非得统一起来，在大多数情况下，软件开发的学习循环周期比电子设计和机械设计要短得多。

在精益产品开发中，开发作业也是按照一定的短节奏来进行的。在副系统团队内按照相同的节奏推进业务有许多好处。如果能够按照一定的节奏来交换信息，进行开发者之间的协同作业，那么就免去了调整时间的麻烦。

例如等某副系统的全部图纸都制作完毕之后再进行检查，

就没办法确定检查图纸的时间。此外，一次性对大量图纸进行检查也要花费很多的时间，需要所有参加者对自己的预定进行调整。但是，如果能够固定每周安排一个时间用来进行图纸检查，那么参加者就可以合理地安排自己的时间。管理开发进程的会议也可以按照固定的节奏和时间来进行，比如每周一次在周一举行，或者每天一次在早晨举行，这样可以保证所有人都能够有效地参加。

类似的节奏也可以应用在开发支援负责人的业务上。比如在产品开发中，要购买样品和测试仪器，需要采购部门的支援。但因为采购部门的主要任务是采购用于批量生产的材料，所以绝大多数情况下都不会给开发部门专门安排一个负责人。由于采购负责人是在处理本部门业务的同时对产品开发提供支援，所以当开发负责人提出采购要求的时候也无法及时地进行处理，这就会导致开发业务处于等待零件的状态。为了避免出现这种情况，采购负责人可以每周固定一个时间专门为开发项目提供支援，前往开发项目办公室询问是否有需要采购的材料。

比如，采购负责人每周一和周三上午十点到十一点之间会前往开发项目办公室，那么开发负责人就会在这个时间将自己想要采购的材料清单交给采购负责人。这样一来，开发负责人的采购需求最长只需要等待两天就一定能够得到处理，可以减少无谓的等待时间。

从铁路型计划到牵引型计划

　　一直以来产品开发管理的基本范式都是首先制订详细的开发计划——对开发进展情况进行严格的检查——发现进展缓慢立刻采取应对措施——通过阶段目标间的检查严格对项目进行审查。如果产品开发完全按照事前的计划顺利进行这一大前提成立，这种方法或许还能够发挥作用，但对于充满不确定性的产品开发来说，一切都按照计划进行本身就是不可能实现的。

　　因此精益产品开发认为，产品开发的项目管理应该从铁路型计划转变为牵引型计划 ①。铁路就是尽可能去除所有的不确定因素，制定详细的列车时刻表，让列车都按照计划运行。而乘客则可以根据列车时刻表准确地计划自己的行程，不管对乘客来说还是对铁路公司来说，这都是非常完美的体制。但是，如果将这种方法应用到产品开发上，却常常会带来灾难性的结果。

　　产品开发充满了不确定性。就算制订了像列车时刻表一样

---

① 牵引型计划：开发者为了获取必要的知识自己制订计划。

的铁路型计划，也经常会出现无法按照计划顺利进行的情况。因此，精益产品开发选择了牵引型计划。这种计划方式最大的特点就是只制订未来几周或者未来几个月的详细行动计划。因为一旦开发项目启动，周围的条件可能会发生巨大的变化。

牵引型计划在最开始只明确大目标。项目正式开始之后，各个副系统团队需要根据时刻变化的情况，思考完成任务的最佳解决办法。

通过整合活动将牵引型计划思考法导入产品开发之中，可以使开发团队明确需要依次克服的一系列目标，从而使产品开发计划变得更有意义。牵引型计划之所以能够让开发者自己制订计划，主要出于以下两个原因。

第一个原因是计划的内容被限定为到下一次整合活动之前，如何获得自己负责部分的知识。因为被限定了计划的期限和内容，开发者就可以对自己的任务制订计划。此外，让开发者自己制订计划，还可以加强其自身的约束意识，更容易按期完成任务。

另一个原因是一旦任务遇到意料之外的问题，那么开发者可以在可视化管理板上发出红色信号，从而获得上司的帮助。这样一来开发者即便面对探索未知领域的难题也敢于进行挑战。像这样通过对知识的不断积累，最终的结果就是开发出具有竞争力的产品。

综上所述，为了获取知识而必不可少的整合活动与学习循环的数量将决定开发所需的时间。

掌握了牵引型计划思考法之后，整合活动就可以给开发项目创建节奏。据说丰田的开发者就是自己制订到下一次整合活动之前的业务计划，并且为了能够按期完成业务计划甚至通宵加班。

创建负责任的专家团队

看到丰田的牵引型计划以及为了保证整合活动的日程而拼命工作的开发负责人的态度，沃德博士不由得想起越南战争之后美国陆军进行的改革。沃德博士将其称为"负责任的专家团队"。沃德博士在越南战争之后加入美国陆军，成为一名士官。在越南战争时期，美国陆军采取的是非常严格的上传下达的指挥方式，但在越南战争结束之后，美军高层认识到这种指挥方式已经过时，于是逐渐向给予前线士官大量决定权的指挥方式转变。沃德博士亲身经历了这一过程。

美国陆军将士兵们培养成为"负责任的专家团队"中的一员，让士兵能够根据战斗状况随机应变地制订作战计划。据说美国陆军的这一改革所取得的巨大成效在第一次海湾战争中得到了充分的体现。

接下来，让我们对负责任的专家团队的三个要素进行分析与思考。

①责任不只是为自己所属的部门做贡献，还要为整个项目乃至整个公司做贡献。开发负责人不仅要对各自的产品副系统承担责任，同时也要对其他副系统和产品整体的成功承担责任。为了做到这一点，必须通过 LAMDA 来解决问题，找出问题出现的根本原因，并采取相应的对策。此外，还必须对开发团队、开发项目以及公司整体具有强烈的责任感以及绝对遵守约定的态度。

②拥有团队合作的意识，必须与其他的团队成员进行密切的交流，听取彼此的意见，一起找出最佳的解决方案。团队里的每一位成员在需要发挥自身专业知识和经验的时候必须要积极发言，当团队做出决定之后一定要坚决执行。

③为了丰富专业知识必须坚持学习。专家必须在拥有丰富专业知识的同时还要有深刻的见解。因此，专家必须成为"T"字型人才。所谓"T"字型人才，就是首先要对某一领域有非常深入的了解，然后又对多个领域都有一定把握的人才。虽然获取专业知识的方法多种多样，但

最重要的知识一定是通过自身的经验得来的，比如从更新之后的取舍曲线中获取重要知识。

精益产品开发的可视化管理

当负责任的专家团队利用牵引型计划制订出开发计划之后，为了能够明确每位开发者所承担的责任，可视化管理必不可少。接下来我就将针对可视化管理为大家进行说明。

开发者自己制订到下一次整合活动之前为止的学习计划，然后将计划与实际执行情况记录在责任管理板（使各个责任可视化的管理板）上。管理者可以通过责任管理板对计划的执行情况进行确认，在必要的情况下对开发者提供支援。

图示 30 就是可视化管理板的示例。这个管理板的左上方是计划内作业（开发项目的关键计划、里程碑）。左下方是计划外作业。所谓计划外作业，包括开发出现意料之外的问题时采取的解决对策，或者以前开发的产品出现问题时采取的解决对策等情况，这些都是开发部门必然会遇到的计划外作业。

在管理板上将计划内作业与计划外作业全都罗列出来之后，正中间的部分就是未来两周的行动计划。这个行动计划以天为单位，负责人会在报事贴上写上自己的名字、完工日期与行动内容，然后贴到相应的格子里。

　　让开发者自己以天为单位制订工作计划，可以防止出现负荷过重的情况，使作业能够按照计划顺利进行。另外，如果开发者在工作过程中遇到困难，还可以在报事贴上加贴一个小号的红色报事贴让问题可视化。上司每天对管理板进行检查时，发现有红色的报事贴就会前去给遇到问题的员工提供帮助。

图示 30　可视化管理板示例

在可视化管理板的右上方是表示项目进程的图示。横轴是项目的里程碑，纵轴是时间，计划用虚线表示，实际情况用实线表示。通过这个图示，可以让全体成员都一目了然地了解到项目的整体进展情况。

右下方是用来表示未解决问题的地方。当各个负责人发现有需要上司或者其他人提供帮助的问题，就立刻将问题贴在这里。上司在每天检查的时候，发现有未解决的问题必须立刻去为相应的负责人提供帮助。

为了以项目为单位进行可视化管理，丰田专门准备了一个名为"大房间"的项目办公室，这是一个非常有效的方法。在大房间的墙上挂着项目概要、预期成果、各个副系统存在的问题、主要评价指标以及各种计划等信息。只要在大房间里转一圈，将挂在墙壁上的可视化管理板都看一遍，就可以直观地把握项目的状况。

图示 31 是哈雷戴维森将可视化管理应用在功能部门、开发项目以及开发部门干部三个阶层之间的实例。

首先左侧是公司干部使用的可视化管理板。这个管理板被放在开发中心最显眼的地方，为了使所有开发项目的概况都能够一目了然，在这个管理板上贴着开发的主要指标，和表示干部应该采取哪些行动以及前文中提到的表示各部门、各项目的状况（用红色、黄色、绿色以及 ×、△、○表示）。

开发部门的干部只要看这个管理板，就可以知道各个项目的状况以及自己应该采取哪些行动。

位于中间的是各个开发项目的项目办公室，也就是大房间。与丰田的大房间一样，哈雷戴维森的大房间里也挂着与项目相关的可视化管理板。最右侧是副系统与功能部门，这里也挂着可视化管理板。

图示 31　经营层与现场的信息交流

在这张图示的上方是从左向右的箭头，下方则是从右向左的箭头。上方的箭头表示的是从干部到项目再到副系统和部门的工作流程。下方的箭头表示的是从副系统和部门到项目再到干部的解决问题的流程。

因为需要干部出面处理的问题必须经过严格的筛选，所以各个部门和项目每周只能将最重要的两个问题写在报事贴上提交给干部。

这种选出两个问题提交给干部的做法最初遭到了强烈的反对。因为开发现场的问题简直是堆积如山，要想从中只选出两个问题实在是太困难。但是，选出最重要的两个问题的过程会迫使大家思考什么才是现在最重要的问题。

另外，将提交的问题限定在两个以内，还能够促使开发者自己想办法解决问题，让开发者意识到即便不借助干部的帮助，仅凭自己的力量也能够解决很多问题。通过每周只能提交两个问题的做法，可以培养自己动手解决问题的能力。

让例会效率化的铁则

虽然对牵引型计划进行管理的方法之一是整合活动，但在两次整合活动举办期间还需要定期召开例会，以应对时刻发生变化的情况。变化频率较高的开发项目（很快就要取得成果的开发），召开例会的频率也要相应提高，变化频率较低的开发项目则可以降低召开例会的频率。一般来说，每天召开一次或者每周召开一次的频率都是可以的。

每次例会都应该在可视化管理板跟前召开。例会的目的在于找出计划与实际情况之间的偏差，决定谁到什么时候为止应该采取什么行动。例会不是讨论解决问题办法以及其他技术内容的地方，要想讨论这些问题最好专门另外召开会议。

每天召开的例会时间应该控制在五分钟之内，汇报昨天取得的成绩以及确认今天的行动计划。每周召开的例会时间应该控制在三十分钟之内，首先汇报上周的成绩和本周的计划，然后对未来几周到几个月之间的计划进行讨论。每一位例会的参加者都需要思考"我应该做的事情是什么""计划与实际情况之间是否存在偏差""我接下来应该做什么""有没有发现什么问题"。

第 ⑪ 章 　导入精益产品开发

导入方式各不相同

　　因为精益产品开发是比较新的方法，所以每个公司的导入方式都各不相同。在现阶段，精益产品开发并不存在单一的导入方式（或者尚未被发现），各个企业应该根据自身的知识、经验、战略以及所处的环境等条件来选择合适的导入方式。但不管采用何种导入方式，关键在于应该以怎样的顺序和方式将作为精益产品开发四个基础组成部分的多点开发、主工程师制度、节奏与牵引的确立以及负责任的专家团队导入进去。

　　通过对导入企业所公开的信息进行分析，可以将导入大致分为两种模式。一种是以多点开发为主，同时导入节奏与牵引的确立和负责任的专家团队的方式。在本书的第三部分将为大家介绍哈雷戴维森采用这种方式取得成功的事例。特别是哈雷戴维森在精益产品开发的"创造能够再利用的知识"这一点上非常下功夫，所以取得了巨大的成果。

还有一种是从导入可视化管理开始，然后导入节奏与牵引的确立，最后导入多点开发的方式。虽然与首先导入多点开发的方式相比，这种方式在刚开始的时候更加容易，但问题也同样存在，那就是采用这种方式的企业绝大多数都只停留在导入可视化管理的阶段，而迟迟无法进入多点开发阶段。

在导入主工程师制度的时候，不同企业的导入方式也各不相同。虽然每个企业都认识到了像丰田那样的主工程师制度的优越性，但丰田那样的主工程师制度对于不同企业的必要性和可行性也不尽相同。像汽车和飞机等大规模的开发项目，或者要求项目总负责人对顾客需求有深入了解的产业，像丰田那样的主工程师制度的必要性就比较大。

然而即便必要性很大，但是否能够立刻实现就是另外的问题了。想培养出像丰田那样的主工程师需要花费很长的时间，有些公司内部甚至没有合适的候选人。

以多点开发为核心的导入方式

本书第一部分的故事，采用了笔者认为目前最合适的导入产品开发革新的方式。故事中的村坂工业已经对生产革新、丰田生产方式）有过十年以上的实践经验，并且拥有专门的部门——生产革新室。在此基础上，村坂工业首先将与生产革新具有极高共通性的可视化管理和节奏与牵引的确立等方法运用于产品开发之中，然后循序渐进地借助外部的力量将多点开发这个全新的概念导入进来。通过这种方式，就可以将许多企业都已经开始进行的生产革新活动逐渐扩展到产品开发革新活动中。

在这种情况下，最关键的部分就是多点开发的导入方式。虽然多点开发只是在构想设计阶段采用的方法，但却是产品开发革新活动中最难理解、最难导入的部分。很多企图导入精益产品开发的企业都只停留在可视化管理等与生产革新亲和度较高的阶段，而难以进入多点开发阶段，就是因为后者的难度太大。

要想导入包括多点开发在内的精益产品开发，需要经过以下两个阶段。

阶段一 技能培训与知识记录

提高开发者解决问题的能力，让开发者掌握将通过解决问题获得的知识以简洁的形式记录下来的方法并加以实践。要想做到这一点，就必须对所有开发者进行技能教育，使其掌握 A3 报告书和 LAMDA 等多点开发的基础工具。更重要的是，要将

LAMDA 和 A3 报告书等通过培训掌握的知识立刻应用到解决问题和做出决定的实践当中去。管理者和经营层应该通过自身的行动起到模范带头作用。

开发者要将自己通过解决问题获得的知识记录在 A3 报告书上，这一点绝对不能忘记。与此同时，导入和丰田的大房间制度相类似的可视化管理体制也十分重要。此外，让开发者自己承担责任制订计划并且严守工期的意识改革也应该同步进行。

阶段二　多点开发的实践

首先从传统的立刻进入具体设计的方法转变为先经过试验（获取知识之后）然后再开始设计的方法。通过让所有相关人员齐聚一堂的整合活动对获得的知识进行共享和记录。另外，还要定义用来创造和记录可再利用知识的知识价值流程，并将其分配给负责人。

然后进入利用通过知识价值流程获得的取舍曲线对多个备选方案进行筛选的流程。剔除较差的备选方案直至找出最佳的设计方案，由主工程师做出最终的决定。风险最低的方法是选择一个示范项目，从示范项目开始进行尝试。在本书第一部分的故事中，村坂工业选择了某个具有战略意义的产品作为开发示范项目。

因为多点开发与传统的开发方法存在着巨大的差异，所以经营干部们应该对其重点关注并及时地提供支援。

最后我还想再重复一遍，多点开发有两个优点。一个是通过在多点开发阶段对多个备选方案进行分析，从而防止进入具体设计阶段之后出现返工的情况。另一个则是将在多点开发阶段获得的知识整理为可再利用的形式，使其能够应用在今后的开发项目之中。不过对于首次尝试多点开发的示范项目来说，虽然能够享受到第一个优点即防止出现返工，但却无法享受到第二个优点即可再利用的知识。

　　因此，对于首次尝试多点开发的示范项目来说，不必追求大幅缩短开发周期这一目标。然而即便沿用和之前一样的开发时间，但在时间的具体安排上却有着巨大的差异，即在构想设计阶段（通过多点开发获取知识的阶段）安排更多的时间，在具体设计上安排的时间较少。

　　通过示范项目积累了多点开发的相关经验之后，就可以使多点开发在所有的项目之中普及。随着多点开发的普及和可再利用的知识不断累积，产品开发的生产率将得到飞跃性的提高，开发周期也会大幅缩短。

第 III 部分　精益产品开发的导入案例

在第一部分，我以故事的形式为大家介绍了精益产品开发的概要。在第二部分，我针对精益产品开发的要素，包括多点开发、主工程师制度等进行了详细的说明。但是，对于很多读者来说，如果不了解一下精益产品开发的实际导入案例及其带来的效果，恐怕很难判断这种产品开发方式是否真的适用于自己的企业。

　　那么在第三部分，我就将为大家介绍一下精益产品开发的导入案例。因为目前公开的精益产品开发案例（至少就笔者所知）只有国外才有，所以下面介绍的都是国外的企业。

第 ⑫ 章　案例一：
福特汽车部门的起死回生

濒临破产的福特导入精益产品开发

2006年，福特的经营陷入危机，出现高达数兆日元的赤字，濒临破产边缘。比尔·福特辞去董事长职务，从波音公司招募了艾伦·穆拉利出任CEO。穆拉利出任CEO之后立刻贷款数兆日元的资金，并且进行大规模的裁员，将巨额资金投入到新车型的开发之中。

在穆拉利的带领下，福特的财务状况得到了巨大的改善。同时，为了实现将来的发展而在新车型开发上投入的资金也得到了回报，即便在后来遭遇全球性经济危机的时候，福特也没有像通用汽车和克莱斯勒那样接受政府的救济或者申请破产保护。

当时，与福特进行战略合作的马自达已经学到了丰田的开发方法。因此，福特也能够通过马自达间接地学到丰田的方法。

福特的干部决定将从马自达学到的精益产品开发导入进来，于2004年构筑了全球化产品开发系统（GPDS）。2005年，汽车零件生产商的开发总负责人詹姆斯·摩根被任命为GPDS的部长。

摩根是研究丰田产品开发系统的权威。他在密歇根大学博士课程的导师就是《丰田之路》的作者莱克教授。他曾经亲自拜访过丰田的产品开发部门和系列零件生产商，进行过几百个小时的实地调查。他根据自己的调查结果将丰田的产品开发系统体系化，并且与莱克教授共同创作并出版了《丰田产品开发系统》一书。福特凭借摩根的丰富经验以及从马自达那里获得的信息，开始导入丰田产品开发（精益产品开发）。

在导入精益产品开发之前，福特采用的是阶段目标管理法。阶段目标管理法在事前制订极为详细的开发方案，然后对开发过程进行严格的监管，是一种强制的、官僚的管理方法。这会导致开发管理部门冗繁化，开发者必须完成大量的文书工作，导致产生许多无用功，还会导致开发部门产生严重的不满情绪。另外，福特在北美和欧洲各有一个开发部门，指挥系统各自为战，开发流程和零件的标准化几乎毫无进展。

GPDS将开发部门的主要负责人都召集到一起，尝试了精益产品开发的各种方法。大部分产品仍然沿用之前的开发方法，只有一部分产品采用精益产品开发的方法。当这些示范项目结束之后，团队成员再回到自己原来的部门，将精益产品开发导入到所有项目之中。

摩根作为车身和冲压技术部门导入精益产品开发的负责人，取得了巨大的成功。2006年，车身外装开发部门与冲压技术部门进行了全球化统合，将产品开发与冲压技术统一到了一起。摩根拿出一份数据，指出福特在车身设计和冲压技术方面与竞争对手相比处于绝对的劣势，要求公司帮助其进行改革。

首先，开发部副总裁将全世界的开发部门都统一到一起，实现全球开发一元化。同时，将产品开发分解为车身、发动机、试制、生产等工作流。导入丰田的大房间制度，通过标杆学习将自身与马自达进行详细的对比，发现福特在开发周期、效率、设计品质等所有领域都与马自达存在着巨大的差距。

各个团队在生产率和品质等领域找出自身与马自达的差距，然后用 A3 报告书制订出缩小差距的计划。最初，开发者们对这一系列的改革表示出强烈的反对。然而，当开发者们看到自己公司与竞争对手之间的数据对比时，便再也无法提出任何的反对意见了。

通过改革成为超越榜样的汽车制造商

福特的改革之所以能够顺利进行，有一个非常重要的原因就是福特可以前往马自达进行精益产品开发的现场实地学习。福特的目标是让车身与冲压成为自身竞争力的武器。所以改革的重点被放在意识改革上。

一直以来，开发部门对于新设计和高难度的提案都以无法实现为由持拒绝的态度，所以必须通过意识改革使开发部门敢于向困难的目标发起挑战。为了实现这一目标，对团队合作、配合以及交流的改革必不可少，这是一项充满挑战但也非常有意义的工作。

改革开始五年后，福特从向马自达学习的状态发展到超越马自达的状态。福特开始在技术能力上追加更大的投入。以前福特因为将许多非常重要的技术部件都外包给了零件生产企业，所以损失了许多宝贵的知识。比如福特自身连一个模具设计师都没有，只能从公司外部聘请经验丰富的模具设计师。另外，在改革之后，福特与零件生产商之间也从敌对关系转变为合作伙伴关系。

紧接着，福特又导入了多点开发的方法，将更多的时间用在对多个备选方案进行分析和筛选上，尽量延缓做决定的时间。另外，福特还在开发的主要里程碑上设定品质基准

（QEC），对开发的成果如数据、样品、信息等的品质进行测定。还对大量的产品规格、试验规格、品质标准、设计规则进行分析、确认，并且制作成数据库、备忘录、虚拟模拟、参数板等。

除此之外，福特还在车身设计上采用了系统化方法 [①]。传统的开发方法要求车身各零件的设计者必须严格按照零件设计图纸的规格进行设计。但这种方法设计出来的零件在进行整体组装的时候，为了能够顺利安装往往需要对模具进行修正，不但浪费金钱，更加浪费时间。而在试制流程中，因为每个零件都允许与设计图纸上的规格有些偏差，这使得设计者们能够将更多的精力放在车身组装之后的整体效果上，从而大幅减少了对模具进行修正的情况。

随着改革的不断深入，福特发现由于车型种类大多，而且每种车型的设计、工艺以及零件规格都不一样，导致返工和品质问题频繁出现。于是制订了"完美图纸计划"，对品质基准、设计、试制、模具设计的时机等各项数据都进行了定义，以期设计出高品质的零件。

福特还制定了体系标准，使其能够在导入最新知识的同时保持最大限度的灵活性。而且福特成功地将金牛座和探险者的

----

① 系统化方法：不追求个别零件的最优化，而是追求系统整体的最优化。

底盘通用化，使设计平台化取得了巨大的进步。

福特通过将精益产品开发与数字开发①相结合的方式，大幅缩短了开发周期，从款式设计到模具设计、冲压模拟等所有的一切都能够虚拟化。因为福特实现了模具设计与加工用软件、设备、流程的标准化，因此可以将模具零件加工的任务委托给任何工厂。

另外，随着虚拟技术的进步与发展，以前需要花费几个月时间重复进行的冲压测试（冲压试验及模具修正），现在只需要几天甚至几小时就可以完成。

在提高开发效率上，基于自然法则的成本模型变得尤为重要。福特的技术人员和采购负责人与零件生产商一起，对决定零件设计、制造以及物流的成本因素进行分析，在不压榨零件生产商利益的前提下，共同寻找降低成本的办法。因为这种成本模型是在与零件生产商达成共识的前提下实现的，所以大幅减少了讨价还价的时间和精力，对福特来说实现了总成本的最小化。

通过上述一系列的活动，2004—2009 年的五年间，福特取得了如下的成果：

---

① 数字开发：使用 CAD 与 CAE 等 IT 工具使设计更加高效的开发方法。

· 在北美的市场占有率重回第二位

· 在 2009—2010 年的初期品质调查中比丰田稍胜一筹

· 新款金牛座被评为"北美最高品质的汽车"

· 开发周期缩短 40%（全新车身的开发周期缩短 50%）

· 模具制造周期缩短 50%

· 模具成本削减 45%

· 模具制造人员削减 50%，模具制造数量增长一倍，模具制造劳动生产率提高到原来的四倍

· 车身精度改善 30%

第 ⑬ 章　案例二：
哈雷戴维森的成功经验

经营层被迫做出的决定

哈雷戴维森（以下简称"哈雷"）始创于 1903 年，第一辆哈雷摩托是由威廉·哈雷和阿瑟·戴维森在自家后院的仓库里将一个小型发动机安装在自行车上拼装出来的。后来虽然美国出现了许多摩托车生产商，但因为受大萧条的影响，绝大多数摩托车生产商都破产了，剩下的只有哈雷和印第安两家。后来印第安也在 1953 年破产，哈雷成了最后幸存下来的摩托车生产商。

1969 年，哈雷被 AMF[①] 收购，AMF 的干部对哈雷的事业特征并不了解，为了尽快取得利益，置产品开发和品质管理于不顾，一味地提高生产能力。结果导致市场上充斥着大量品质

---

① AMF：即 American Machine and Foundry，美国的制造设备生产商，主要生产保龄球场的相关设备。

低劣的哈雷摩托，哈雷的品牌影响力因此急剧下跌。到了20世纪70年代后半段，AMF发现已经无法再从哈雷身上榨取到短期利益，于是打算将哈雷出售，但却没有人愿意接手。

1981年，哈雷的13名经营干部自掏腰包以MBO①的形式将哈雷买了下来。但是，重获独立的哈雷却面临着巨大的挑战，因为销量大幅降低，哈雷只能解雇了40%的员工并进行大规模的重组。到了1985年，哈雷已经濒临破产边缘。

时任哈雷CEO的伯恩·比尔斯尝试将丰田生产方式导入自己的企业。从1985年到1987年，哈雷的库存减少了75%，生产率提高了50%，残次品率削减了70%。正因为通过丰田生产方式取得巨大成效，哈雷终于获得了重生的机会。

帮助哈雷重获新生的不只有丰田生产方式，哈雷在1986年成功上市之后，大力开发了许多颇具魅力的新型摩托车。到1999年，哈雷的摩托车种类比之前增加了一倍。这使得哈雷的产品在市场上获得了巨大的人气。

但因为之前濒临破产时哈雷被迫解雇了40%的员工，这使得哈雷的经营层对于扩大产能持非常慎重的态度。尽管哈雷不断地推出充满魅力的产品，但产能却一直没有得到提高，这反而使得哈雷的摩托车在市场上供不应求，热门产品的价格水涨

---

① MBO：即Management Buyout，管理层收购。

船高。

　　由于产品供不应求，哈雷开始着手提高工厂的生产效率，这使得哈雷的产能逐渐得到提升。从 1986 年的年产五万辆发展到 2002 年的年产二十五万辆。期间，产品开发部门也在对现有车型进行定期更新的同时持续追加新车型。从 1970 年到 2003 年，哈雷平均每年追加 0.74 款车型，也就是每四年中有三年追加新的车型。由于产能增加的速度比新车型开发的速度更快，因此需求与供给之间的差距迅速缩小。

　　这种情况迫使哈雷的经营层必须做出决策。如果不能提高产品开发的效率，那么销售增长速度就会放缓，只能采取从急速发展状态软着陆到稳定发展状态的方法。尽管这是一个合理的战略选择，但销售增长率下降会导致股价大幅下降的。

　　还有一个战略选择，那就是大幅提高产品开发的效率。大型摩托车属于嗜好品。消费者的购买选择与其说是出于合理的判断，不如说是更容易受感情的影响。对于这种商品来说，与增加在广告上的投入相比，向市场投放更有魅力的新产品对销量的影响更大而且更持久。

迟迟得不到进展的导入

被任命为哈雷开发流程负责人的丹特·奥斯塔沃尔认为必须大幅提高开发部门的生产率。因为一旦实现了这个目标，那么哈雷就不用选择低速发展的软着陆，而且还能够实现更大的发展。

于是他想到，如果能够将在20世纪80年代拯救哈雷破产危机的精益生产（丰田生产方式）应用到产品开发上，那么产品开发的效率是否也能得到大幅的提高呢？于是他去向精益生产的权威沃马克博士请教，对方告诉他说："产品开发与生产存在着很大的区别，不能单纯地将精益生产的方法套用到产品开发上去。艾伦·沃德或许能帮到你。"

奥斯塔沃尔给当时已经从密歇根大学辞职自己成立公司的沃德博士打了电话邀请他前来协助。沃德博士前往哈雷，对他们进行了精益产品开发尤其是多点开发部门的指导。

尽管沃德博士对多点开发与取舍曲线的重要性进行了说明，但因为当时沃德博士也没有关于取舍曲线的具体例子，所以哈雷对取舍曲线的具体概念一直搞不清楚。结果多点开发在哈雷的导入迟迟得不到进展。加之当时除了丰田，几乎没有任何一家企业实际导入了精益产品开发，哈雷就算想找个样板学习都找不到。

在反复尝试的过程中，奥斯塔沃尔终于开始认识到，多点开发就是从各种设计参数之中获取知识的作业。这样一来，沃德博士提出的精益产品开发终于在哈雷找到了前进的方向，那就是知识库开发。

导入后开发产品种类一口气增加了五倍

多点开发顺利导入之后，下一个阶段就是通过举办牵引活动（哈雷将整合活动称为"牵引活动"）给开发设定节奏。牵引活动的目的非常明确，就是通过这项活动让所有开发者的学习循环同步化、学习成果可视化。在亚利桑那州菲尼克斯的测试赛道上举行的为期两天的牵引活动取得了巨大的成功，哈雷的开发者们学到了许多关于知识库开发的运用方法。

哈雷举办牵引活动的频率比之前进行阶段目标检查的频率更高，这使开发能够顺利地进行，学习循环和计划跨度都大幅缩短。开发者们不再被强制性地安排到几个月之后的阶段目标为止的开发计划，只要自己制订到下个牵引活动之前的计划并加以实行即可。

此外，奥斯塔沃尔认为在开发流程中还应该导入可视化管理。沃德博士给他介绍了一位曾经在丰田开发部门工作过的管理顾问田中孝史。哈雷在田中孝史的指导下导入了丰田的大房间制度。

哈雷的开发项目办公室（大房间）里挂起了一块可视化管理板。在管理板的左侧以项目整体、各个副系统以及开发流程三个阶层表示问题，右侧以大日程、中日程和详细日程的三个阶层表示开发计划。

另外，各个项目的状况可以通过摆在开发中心最显眼位置的可视化管理板一目了然。通过导入可视化管理板，所有开发人员都可以对开发状况一目了然，发生问题的时候干部也能够迅速地进行应对。

产品开发流程革新的成果很快就表现出来。2004 年哈雷推出了六款新车型，这是该公司有史以来推出新车型最多的一年。除了推出车型数量多，更令人惊讶的是这次新品发售所遇到的问题也是有史以来最少的。因为采用了多点开发的方法，所以在开发后期几乎没有出现任何严重的问题。

哈雷的总经理麦卡斯利也说，这一年的新品上市是他经历过的问题最少的一次。在过去三十年来，哈雷按照平均每年0.74 款的速度扩充产品线（车型的纯增长，以每年推出的新车型数量减去该年度停产的车型数量，不包括对现有车型的更新）。但在导入精益产品开发之后，这个数字一口气增加了五倍即达到了每年 4.5 款车型（图示 32）。

图示 32　哈雷戴维森导入精益产品开发后的效果

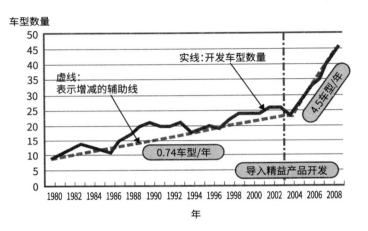

车型数量

实线:开发车型数量

虚线:
表示增减的辅助线

4.5车型/年

0.74车型/年

导入精益产品开发

年

第 ⑭ 章 案例三：
PING 如何摆脱高尔夫球杆危机

改变人事考核，转变设计师的意识

位于美国亚利桑那州的高尔夫球杆生产商 PING 公司从 2001 年开始导入精益产品开发，如今已经取得了巨大的成果。高尔夫球杆和哈雷的摩托一样都是嗜好品。每当新型的球杆发售，很多高尔夫爱好者都会产生购买的欲望。特别是采用了新技术、性能得到大幅提高的球杆，就算价格昂贵也一样有很多高尔夫爱好者争相购买。因此对于高尔夫球杆生产商来说，提高产品开发的生产率和革新性，并且缩短开发周期，是战略上非常重要的课题。

2001 年，PING 公司在多点开发管理顾问迈克尔·肯尼迪以及《丰田之路》的作者莱克教授的指导下开始导入精益产品开发。

从 2001 年到 2003 年，PING 首先通过精益生产的方法使产品开发流程效率化。当时 PING 公司的开发部门每天都很忙碌，几乎完全无法继续增加开发产品数量。于是该公司导入了名为价值流程图的精益生产方法，对产品开发流程的信息流程进行分析，发现了许多信息滞后和停顿的问题，并消除了存在的无用功。在削减了产品开发流程中的无用功之后，该公司产品开发的生产率得到了显著提高，从而有了进一步改善的可能。

从 2003 年起，PING 公司开始导入知识库开发（即多点开发）。首先找出欠缺的数据，然后全力获取数据。另外，该公司还将原本只存在于经验丰富的设计师大脑里的暗默知识[①]用 A3报告书的形式记录下来。

经验丰富的设计师都有通过多年的工作经历获得的暗默知识，尽管这些经验或许没有理论支撑，但仍然被作为可再利用的知识记录了下来。另外，该公司还对开发者进行了培训，使他们对能够创造普及化知识的试验保持重视。

此外，PING 公司之前对开发者的人事考核和奖励都是按照设计量（制作的图纸数量等）来进行计算的，而现在则改成了按照可再利用的知识数量来进行计算。这样一来，设计师的意识也随之发生了改变，与制作图纸相比，设计师们更重视创造和积累知识。

以前设计师们只根据提供的规格要求对几个点进行数据测

---

① 暗默知识：存在于大脑之中，但却难以用语言表达的知识，如工匠和运动员的技能。

量，而现在设计师需要获取更多的数据来制作取舍曲线。图示33就是取舍曲线的示意图。这个取舍曲线表示的是球杆的杆身重量与飞行距离损失之间的关系。通过取舍曲线可以对球杆允许使用的杆身重量范围一目了然。

图示34表示的是极限曲线的示意图。这个图示表示的是球头的厚度（横轴）与破损极限击打次数（纵轴）之间的关系。在这个图示上共有铝、钢、钛以及研究中的新素材的特性数据。

图示 33　取舍曲线示例

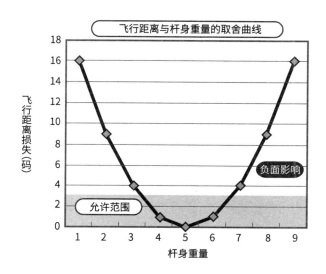

图示 34 极限曲线示例

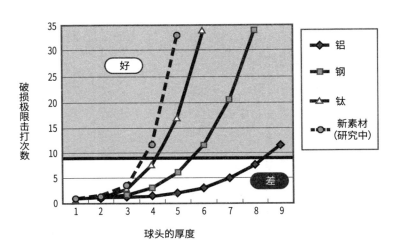

开发部门先制作现有材料的取舍曲线和极限曲线后再进行开发，研究部门的工作则是发现能够打破现有材料极限曲线的材料和技术。PING 公司将力量都集中在对普及化知识的创造和记录上。

通过导入精益产品开发，PING 公司取得了如下的成果：

·从外部招聘来的开发者能够为开发做出贡献的熟悉周期大幅缩短

绝大多数成功导入多点开发的企业都有这样的经验，因为知识被体系化且一目了然地记录了下来，即便是新入职的开发者也能够很快形成战斗力。

·更容易让开发者熟悉其他专业领域的业务

要想提高开发的生产率、缩短开发周期，就必须让开发者能够从事多种业务。这与精益生产中的多能工 ① 是相司的概念。如果将知识以便于理解的形式记录下来，那么在对开发者进行业务培训的时候就更容易、更有效率。

·返工情况大幅减少，开发周期缩短

在保证设计品质的前提下，开发周期大幅缩短，能够严格遵守开发完成时间。

·通过知识再利用，节约了开发和测试负责人的时间

通过消除开发流程中的无用功，对可再利用的知识进行记录并且再利用，PING 公司的开发效率从 2001 年到 2006 年的五年间得到了急剧的提升。如图示 35 所示，根据该公司人均产品开发数测算出的开发生产率，在导入精益产品开发三年后提升到了原来的四倍，六年后提升到了原来的六倍，开发周期缩短到了之前的一半。

---

① 多能工：经过培训后能够从事多种业务的工作者。这样一名员工可以从事多个工程项目。

图示 35　PING 公司的产品开发数与开发周期演变

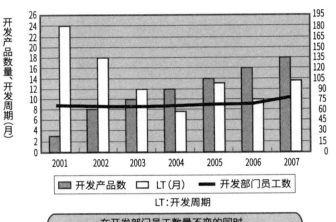

LT:开发周期

在开发部门员工数量不变的同时,
开发产品数量增长到了原来的六倍,开发周期缩短一半

第 ⑮ 章　案例四：
特利丹·贝索斯，困难与改革的轨迹

将精益产品开发导入失去知识的公司

特利丹·贝索斯是一家位于波士顿东部科德角附近的企业。创业初期以经营对海底地形进行探测的声呐以及对海水水温、海流等进行测量的远距离可操纵式海底探索系统为主。公司名"贝索斯"就来源于希腊语中的"深海"。该公司又利用在海底探索所使用的传感器和信号处理技术进军容器检查系统业务（后来这项业务独立出来成立了特利丹·塔普通分公司）。

2001 年，特利丹·贝索斯公司陷入经营危机，原飞利浦的汽车电子部门负责人罗恩·马西格罗被聘任为新的主管。但当时特利丹·贝索斯公司的现金流已经出现了巨大的赤字，甚至可能破产。马西格罗就任主管后，首先将丰田生产方式导入生产部门，使赤字转变为黑字。生产现场也出现了巨大的变化，库存迅速减少，品质得到提高，特利丹·贝索斯公司终于摆脱了破产的危机。接下来马西格罗将经营的主要课题从削减成本转移到提高销量上来。

当时，特利丹·贝索斯下属公司塔普通销售的最高精度的产品出现故障的频率越来越高，与品质相关的问题变得深刻起来。再加上因为价格竞争的激烈导致利润率下降，这些问题都迫使公司必须立刻采取行动。

然而特利丹·贝索斯的产品开发部门却陷入了束手无策的境地。一直以来，该公司的产品开发都完全依赖于资深设计师通过多年的工作而积累下来的暗默知识，但在之前公司出现经营危机的时候，很多资深设计师都纷纷跳槽了。

因为资深设计师的流失导致开发部门失去了宝贵的设计经验，而新来的设计师缺乏特利丹·贝索斯公司的产品特有的深层知识，这使得该公司的开发陷入僵局。

于是特利丹·贝索斯公司将开发流程革新作为最优先解决的经营课题。

马西格罗先是邀请了管理顾问导入了阶段目标管理法。但导入后经过了两年的时间，公司的状况只得到了些许的改善。2005 年，该公司认识到阶段目标管理法无法实现产品开发流程革新，于是开始寻找其他的方法。

当时有一位管理顾问向马西格罗推荐了迈克尔·肯尼迪创作的《*Product Development for the Lean Enterprise*》。这本书介绍了一种丰田产品开发的方法，叫作精益产品开发。

马西格罗决定尝试这个方法。他立刻聘请肯尼迪作为管理顾问，开始导入精益产品开发。特利丹·贝索斯的开发部门和塔普通的开发部门加在一起也不过是总数几十人的小型部门，因此马西格罗决定在所有部门之中都导入精益产品开发。这是一个非常大胆的决定。因为当时就连肯尼迪自己也还处在刚刚提出这一理论的阶段，特利丹·贝索斯是他进行实际导入尝试的第一家企业。

取回资深设计师的知识

因为流失了许多资深设计师，特利丹·贝索斯公司大量的组织知识也随之消失。于是在导入精益产品开发的第一年，该公司对全体开发者进行了 LAMDA 和 A3 报告书的培训，在提高开发者能力的同时也将开发者获得的知识整理成能够全员共享的 A3 知识概要。

马西格罗对这项行动的态度十分坚决，他公开对员工表示"如果知识不总结成知识概要那就相当于没有知识"。当员工找他商讨问题的时候，他第一句话肯定是问"知识概要在哪"。如果对方回答"没有"，那么他就会直接把对方赶走并说"总结出知识概要之后再来找我"。马西格罗想通过自己对将知识整理成知识概要这件事的认真态度让员工们也全都认真起来。

2005年10月,该公司的塔普通事业(液体容器检查系统)出现了严重的问题。塔普通的自动品质检查系统虽然在检查速度和检查精度上处于行业内领先水平,但在实际使用过程中却经常出现故障,遭到顾客的大量投诉。

此外,由于这套设备的生产成本太高,就算顾客提前订购也几乎享受不到价格上的优惠,很多顾客因此纷纷选择其他公司的同类产品。顾客将这些不满投诉给销售部门,销售部门又将问题夸大之后传达给开发团队。结果造成销售部门与开发团队之间的矛盾深化。

销售部门指责说"开发团队不能开发出符合市场要求的产品",开发团队则认为"销售部门不听我们的忠告,在设计问题还没有得到解决之前就强行将产品上市,所以才落得这步田地"。不难看出,开发团队对于马西格罗提出的精益产品开发活动并没有完全接受并认真落实。

因此开发团队在接受相关培训的时候并没有全力以赴,也没想真正将精益产品开发导入到自己的业务中来。即便面临这种状况,马西格罗仍然坚持对开发团队进行指导。但到了2006年2月,他终于认识到继续这样下去不会有任何的结果,于是采取了更进一步的行动。

事实上，早在一年前马西格罗就解雇了拒绝进行产品开发流程改革的原开发部长，自己兼任开发部长的职务。

马西格罗在每周举行一次的设计检查会上，以开发部长的身份决定问题的优先顺序并且分配相应的资源。他决定利用这个会议推进精益产品开发，于是他要求参会者必须在会议上使用精益产品开发的方法即 LAMDA 流程和 A3 知识概要。

塔普通的开发团队在实际使用过 A3 知识概要之后，立刻理解了其带来的效果。知识概要在一张 A3 纸上一目了然地表示出团队现在处于什么状况，接下来应该做什么。通过 LAMDA 流程和 A3 知识概要，开发者可以在庞大的信息之中将实际情况区分出来。

围绕塔普通产品在实际使用中出现的问题，开发团队、销售部门以及售后服务部门之间每天都要往来大量的电子邮件。很快这些信件就被替换成了解决使用中出现问题的知识概要。

这样一来，关于解决产品的使用问题的绝大多数知识都在开发和售后服务部门之间共享，开发部门解决使用中出现问题的负荷逐渐减少。开发、销售与生产之间的对立也得到了缓解。

后来，开发团队花了四个月的时间对生产中的产品进行了设计变更，一口气解决了十七种问题。

塔普通的开发经理说："这是我们第一次取得如此重大的突破。开发者们终于理解了 A3 知识概要带来的好处。"通过精益产品开发成功解决了现有产品问题的开发团队，决定将这一方法应用到新产品的开发上。

2006 年 6 月，塔普通的所有开发者都理解了多点开发的好处，并且主动采用了这一方法。他们制作了用来表示设计参数之间关系的取舍曲线，又将通过实验和解决问题获得的知识整理成 A3 知识概要。在掌握了精益产品开发的基础方法之后，开发团队又开始探讨如何对产品开发的流程进行改革。

特利丹·贝索斯公司在几年前就将阶段目标流程文件化，并且以此为基础进行新产品的开发。图示 36 是塔普通各产品的开发计划与实际时间表的对比图。通过这张对比图不难发现，采用阶段目标管理法对开发进行管理的话，当开始进行设计之后一定会出现问题，导致出现返工的情况。

为了寻找新的开发流程，开发与经营团队花了两天的时间在一起进行讨论。讨论的最终结果，就是在进入实际设计阶段之前，加入两个 LAMDA 循环。第一个是对顾客的需求进行充分了解的循环，第二个是为了创造出能够满足顾客需求的产品设计而获取知识的循环。

图示 36　传统开发方法导致计划与实际情况的偏差

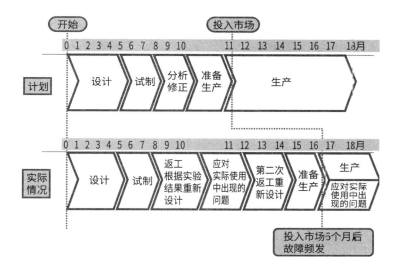

也就是说，为了满足顾客需求，解决技术上的问题，首先要掌握足够的知识，然后再开始具体的设计。

如何发现新的事业机会

有了新的开发流程之后，塔普通开始根据新的开发流程进行新产品的开发。塔普通的产品线从价格和规格上来看可以分为高端和低端两个种类。低端产品的价格是四万美元，能够检测的最小破损直径是 0.75 毫米，而高端产品的价格是九万美元，能够检测出的最小破损直径是 0.15 毫米。

通过对顾客究竟需要什么、塔普通能够向顾客提供什么等问题进行思考，塔普通发现了新的事业机会。他们发现在现有的顾客以及潜在的顾客之中，对价格处于高端和低端之间，与现有的产品规格完全不同的检测设备存在着需求。

销售与市场部门将通过与顾客的交流和市场调研获取的产品规格与成本等信息传达给了开发部门。而技术人员对产品规格和成本进行了分析之后，虽然理解顾客想要的是什么样的产品，但却不知道顾客为什么想要这样的产品。而且认为凭借公司当时的能力根本不可能生产出这样的产品。

后来，开发者通过研修亲眼看到了丰田为了理解客户需求付出了多大的努力。与之相对的，自己公司的开发团队中亲眼见过自己开发的产品在顾客工厂中运行情况的只有三个人。于是在 2006 年，技术人员开始与销售人员一起前往顾客的生产现场进行访问。

访问的目的并不只是出于礼貌或者为了寻找解决问题的办法。技术人员为了了解顾客购买产品究竟是为了解决事业和生产上的哪些问题而专门采用了 LAMDA 的方法。对顾客究竟有什么需求、为什么会有这种需求进行了非常彻底的调研。

而对于调查的结果，他们也没像之前那样只是发一份电子邮件作为出差报告书就完事了。取而代之的是他们将自己通过访问获得的关于顾客具体关心的问题都整理成了一张 A3 的知识概要。上面一目了然地记录着顾客究竟关心什么问题，为什么关心这个问题等内容。

知识概要将隐藏在顾客关心的问题背后的概念可视化。可视化可以根据实际情况通过表格、图片、照片或者视频文件等方式来实现。顾客关心的问题的知识概要由开发人员与销售人员共同制作。关键在于要让销售和开发部门的全体成员都能够一目了然，简单易懂地掌握其中想要传达的信息。

图示 37 是顾客关心的问题的知识概要示例（图示 8 再引用）。在这个知识概要上写明了顾客种类（乳制品饮料、碳酸饮料、普通饮料、商业用药剂等）以及对应的容器种类（铝、玻璃、铁等）、容器的尺寸（容量）、最小检出直径、传送带速度、设备洗净条件等对检查系统的规格有影响的项目。

当了解顾客需求的学习先行型开发的第一个 LAMDA 循环结束之后，2006 年 11 月塔普通终于在满足顾客需求的新产品开发上达成了一致。

图示 37　顾客关心的问题的知识概要

顾客对容器泄露检查器关心的问题	制作日期：xx年yy月zz日 制作者：xxx 信息来源：zzz		

顾客种类	乳制品饮料	碳酸饮料	非碳酸饮料	商业用·家庭用药剂
容器种类	高密度聚乙烯/利乐包	铝/铁/PET	铝/PET/利乐包	高密度聚乙烯
容器尺寸	100—1000ml	120—750ml	120—750ml	120—750ml
最小检出直径	0.15mm以下	0.1mm以下	0.1mm以下	0.1mm以下
传送带速度	120m/分	120m/分	120m/分	9—35m/分
洗净条件	清水洗净除锈	清水洗净除锈	清水洗净除锈	擦拭后清水洗净

答案隐藏在取舍曲线之中

接下来就要进入为了满足顾客需求而对技术问题进行解决的第二个 LAMDA 循环，为此必须通过低成本的试验获得能够实现顾客需求的取舍曲线。

开发团队用了四周的时间制作了一个能够进行各种试验的试验台。图示 38 就是这个试验台的实物照片，这个试验台为了能够进行不同种类的试验，很多地方都是可以调整和更换的。

图示 38　为了获取知识而制作的试验台

照片提供：特利丹·塔普通公司

图示 39　塔普通容器检查机的工作原理

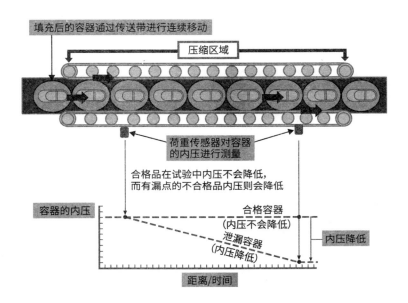

塔普通的容器检查系统的工作原理如图 39 所示。被填充了饮料等液体并且盖好盖子的容器通过传送带进行连续的移动，在压缩区域两侧受到强力的挤压。这样一来容器的内压就会上升。而在压缩区域的入口和出口处分别有一个荷重传感器，对容器进入和出来时的内压进行测量。

合格的容器就算受到挤压里面的液体也不会泄露，内压也不会下降，而不合格的容器则会出现液体泄露或者内压下降的情况。检查系统会将内压下降超出一定范围的容器认定为不合格。

图示 40 表示的是这一检查系统的检查速度与压缩区域长度之间的取舍曲线。因为检查系统通过对传送带上移动的容器两侧施加压力来检查漏点，所以对容器施加压力的时间越长，能够检测出来的漏点直径就越小。而因为加压时间与容器通过压缩区域的时间相等，那么容器的移动速度（也就是传送带速度）越快，需要的压缩区域长度就越长。这也就意味着设备体积要变得更大。

根据这个取舍曲线可以看出，当压缩区域的长度为 60 厘米的时候，要检测出最小直径 0.15 毫米的漏点，容器的移动速度为每分钟 66 米。塔普通的顾客最关心的问题就是能够检测出的漏点的最小直径。因为不管任何一款产品，这都是品质的基础。

其次就是检查的速度。检查设备的效率由其每分钟能够检查多少个容器决定。如果要对生产出的每一个容器都进行检查，那么检查设备的速度必须和装瓶设备的速度相同甚至更高才行。还有就是检查设备的大小。如果压缩区域太长，那么检查设备就会随之增大，占据更多的空间。这就是取舍曲线之间最基本的关系。

图示 40　检查设备的取舍曲线示例

通过上述取舍曲线可以发现，如果不改进现有的检查技术，那么想要满足顾客的要求是不可能的。于是开发团队又对取舍曲线本身是否能够改进进行了讨论，结果发现只要提高检查精度即可。这样一来，只要稍微出现内压降低的情况就能够区分出合格品与不合格品。

开发团队建立了一个模型，即提高在容器两侧施加压力的加压板的硬度就能够提高检查精度。因为硬度提高的话，进入荷重传感器的噪音就会降低，这样就可以使荷重传感器分辨出更小的压力差。为了对这一假设进行验证，团队去五金店花了十四美元购买了一把大扳手，将现有产品的加压板从外侧加固。

结果证明经过调整后的检查精度提高到了现有产品的三倍以上。这样一来，他们就发现了通过对取舍曲线进行调整实现与竞争对手差异化的方法。而新发现的重要知识也作为实验结果的知识概要被记录了下来。

像这样为了满足顾客需求而进行的知识获取活动还在继续。2007 年 1 月，开发人员发现通过实验获得的取舍曲线，不仅实现了新产品的目标规格，甚至比目标规格还要更加理想。这个发现对于塔普通的开发团队来说还是头一次。

一部分开发人员打算按照之前的开发方法立刻开始进行设计，但开发经理却认为还没有获取足够的知识，应该继续进行讨论。事实上，虽然开发团队对五个客户最重视的问题及其对设计造成的影响进行了讨论，但还需要通过更细化的技术革新获取能够实现目标的证据。

于是开发团队又进行了更加深入的探讨，建立假设、进行试验和验证。到了 3 月份，团队终于做好了对新获取的知识进行验证的准备。他们花了四周的时间制作了一个完整的样品并且进行了试验。试验的结果表明，产品的功能全部实现，这个包含了所有知识的产品，运转得非常顺利。

如何彻底消灭计划外的返工

此时，开发部门对项目的成功很有信心，但销售部门却没那么乐观。销售部门为了对新产品进行展示，在 10 月份预约了三场展示会的展位。然而到了 4 月中旬，开发部门却连一张新产品的 CAD 设计图都没拿出来。以前遇到这种情况，迫于对工期临近的压力，开发部门和销售部门会同样紧张起来，甚至可能会提出为了能够按时完工需要牺牲性能之类的要求。

但这次开发部门的反应却和以前截然不同，他们一直说"别担心，肯定能够按时完成任务"，而且听起来并不像是在开玩笑。更令人惊讶的是，开发团队虽然到 4 月中旬仍然没有拿出具体的设计图，但却根据对零件形状和材料范围等相关知识的了解，制作出了最终产品的概念图，并且带着这个概念图与测试结果对主要顾客再次进行了访问，针对顾客关心的问题又进行了一次 LAMDA 循环。

顾客在得知自己主要关注的问题都得到解决之后，又更进一步提出了希望能够便于清洁和维护的要求。因为具体设计尚未开始，模具也还没有制作，所以这些新的改进要求都很容易地被加入到新产品的设计之中。

2007 年 5 月 1 日开发团队终于开始进行具体设计。产品整体以及所有零件的 CAD/CAM 设计图只花了四周时间就全部完成。第一次测试又花了四周时间，批量生产测试在 8 月开始，10 月新产品顺利在展示会上亮相。不管是销售部门、开发部门，还是最重要的塔普通的顾客们，都对新产品感到非常满意。唯一对这款具有压倒性竞争力的产品感到不满意的只有他们的竞争对手。

新产品在满足顾客各种检查需求的同时，还比之前的产品提高了 25% 的检查速度，占地面积缩小到原来的一半，成本降低了 50%，价格下降了 30%。对于塔普通来说，新产品对售后维护的需求降低了，生产起来更加容易，利润率更高。而且没有出现技术问题以及计划外的返工情况。批量生产顺利进行。从完全理解顾客需求开始开发到批量生产共历时十匹个月，不管对顾客来说还是对塔普通自己来说，开发部门都交出了一个令人满意的答案。

如图示 41 所示，一直以来都需要 18-24 个月的开发周期，在导入精益产品开发之后的初次开发就缩短到了十四个月。除此之外，通过这个开发项目，开发团队还总结出了与顾客关心的问题、设计问题相关的极限和取舍曲线的知识概要一百八十余件。这些都是可再利用的知识，能够应用在今后的开发项目中。如图示 42 所示，此后塔普通在对顾客关心的问题进行调查和获取知识上所需的时间从七个月大幅缩短到了两个月，产品开发周期也缩短到了九个月，为传统开发方法所需周期的一半。

图示 41　传统方法与精益产品开发的区别

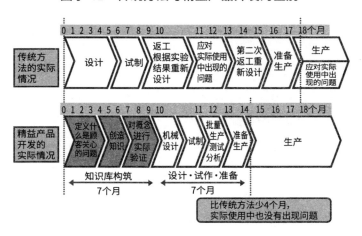

图示 42　利用积累的知识缩短开发周期

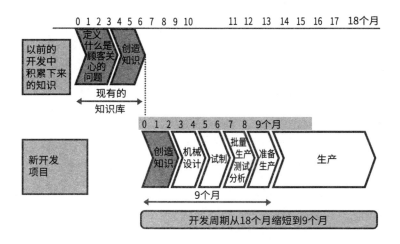

针对新产品的开发，大家都说出了自己的看法。

"因为在最初的设计构想上投入了大量的时间，所以我们制作的样品与最终的成品就已经很接近了。"（开发者）

"这是到目前为止生产最顺利的一次，也是做起来最容易的产品。"（制造系长）

"开发部门在很早的阶段就参与到顾客调研中来，所以产品拥有许多顾客想要的功能。"（销售课长）

"我们公司自成立以来第一次从开发到生产都非常顺利。"（销售总负责人）

"这台设备拥有的性能超乎我的期待。就连那些很难发现的漏点都能够检查出来。"（顾客）

精益产品开发带来的好处不只是以更短的开发周期开发出更具竞争力的产品，更重要的一点是能够提振开发者的士气。当特利丹·贝索斯的人事部长发现这一点时，所有人都大吃一惊。因为在导入精益产品开发之后的一年半里，没有一名技术人员离职。而在此之前，每年技术人员的离职率高达 15%。为此他询问了一些技术人员。

技术人员共同的感受是他们能够做自己真正想做的事。在传统的开发方法中，开发者不得不从事大量与技术毫无关联的案头工作或者参加各种会议，被占据了大量的开发时间。而精益产品开发完全以技术者原本的工作为核心，即发现问题、建立假设、进行验证。这使得技术人员能够更专心于自己的工作，所以士气高涨，离职率低也是理所当然的结果。

有一位新入职的技术人员这样说道："我非常喜欢多点开发视觉图 ①。只要看这幅图，就可以知道自己现在应该做什么，自己的行动会对系统其他部分造成怎样的影响，以及应该去找谁进行商谈。我之前工作的公司从入职到能够为公司做贡献最少也需要六个月的熟悉时间，但有了这个视觉图，我入职特利丹·贝索斯的第一天就可以为公司做出贡献了。"

---

① 多点开发视觉图：表示多个设计参数间因果关系的视觉图。通过这幅图可以对改变一个参数后会对其他设计参数造成怎样的影响一目了然。

结　语

——————

　　我在 1997 年出版的《TOC 革命》一书中，第一次将 TOC 这一生产改善方法介绍到了日本。这个方法因为畅销书《目标》而广为人知。2001 年我在《EMS 战略》一书中对电子产业的委托制造企业 EMS 的实际情况进行了详细的介绍。2004 年我翻译了密歇根大学的莱克教授创作的《丰田之路》，并以此为契机接连翻译了 5 本关于丰田生产系统的著作。

　　虽然这些书的主题各不相同，但却有一个共同点，那就是"为日本的读者介绍在美国已经得到普及，但在日本却不为人知的全新手法和思考方法"。

　　当时，TOC 在美国已经开始普及，但日本对 TOC 的认知却几乎为零，不过现在也已经得到了广泛的普及。EMS 是诞生于美国电子产业的新型商业模式，但如今将其发扬光大的富士康已经发展成为可与日本大型综合电子生产企业相提并论的企业。《丰田之路》系列虽然出自美国人之手，但是却对丰田的

DNA 进行了十分深入的分析，对导入丰田生产方式很有帮助。

本书的主题——精益产品开发，也是通过丰田在美国得到普及，在日本却鲜为人知。越是对这种方法进行深入的研究，我越是坚信这就是能够使日本制造业复活的强力武器。要想在今后日益激烈的全球化竞争中获得胜利，企业就必须导入这个诞生于日本的开发方法。

希望诸位读者在看完本书之后，下一步能够将精益产品开发导入自己的企业中。但是像这种对产品开发流程的改革，如果得不到经营者的支持则很难顺利展开。所以需要更多的企业经营者能够参与进来，将本书中介绍的开发方法导入自己的企业，那么企业的竞争力一定能够得到切实地提高。

我在对精益产品开发进行研究的初期阶段，多亏株式会社的年轻管理顾问们为我进行讲解，让我受益匪浅，在此向诸位致以最诚挚的谢意。此外，还要对让我瞬间理解了这种方法蕴藏着的巨大潜力，建议我创作此书并为我介绍出版社的村上悟氏先生致以最衷心的感谢。

稻垣公夫

2012 年 3 月